À nos mères

Collection dirigée par Jean-Loup Chiflet
Ouvrage dirigé par Christophe Absi

38, rue La Condamine, 75017 paris

www.hugoetcie.fr

ISBN : 9782351641590
Dépôt légal : février 2012
Imprimé en France (Corlet)

Odile Cuaz & Florence Raillard

Comment devenir une quinqua formidable

Chiflet&Cie

Sommaire

1.
Adorer la cinquantaine

Ça y est. Vous y voilà. Vous avez passé la cinquantaine, ou vous n'en êtes plus si loin… Et vous n'en revenez pas. Un demi-siècle derrière vous, déjà ? Dans le meilleur des cas, une bonne moitié de votre vie ? Tout est passé si vite. L'enfance, l'adolescence, la jeunesse, pas le temps de dire ouf… Est-elle si loin, l'époque du premier flirt ? Du premier soutien-gorge, du premier salaire ? Du premier enfant ? Et vous, vous sentez-vous si différente de la jeune femme pleine d'espoirs, de rêves voire d'illusions, que vous étiez il y a encore, quoi, quelques années, quelques mois ?

Le plus fou, c'est que vous ne vous sentez pas si vieille. Pas vieille du tout, même. Votre miroir vous raconte les jours écoulés, les épreuves surmontées, les joies et les peines… C'est sûr, ma fille, t'as plus la même tête qu'il y a trente ans… Et alors ? Ce ne sont pas quelques rides d'expression qui vont vous ôter le sourire, ni ce début d'arthrose à la hanche gauche qui va vous empêcher de danser…

Le regard des autres et l'état-civil vous renvoient à une certaine maturité. Qui vous appelle encore mademoiselle, à part votre boucher qui se veut galant ? Pourtant sommeille toujours au fond de vous une gamine qui n'en fait qu'à sa tête, une jeune fille qui découvre le monde chaque matin. Et celles-là, vous n'avez pas l'intention de les abandonner en cours de route, elles sont même devenues vos meilleures copines. La cinquantaine, ce n'est pas le début de la fin, c'est la fin du début. Le chemin à parcourir est encore long, il est donc urgent d'avoir la pêche, la banane et tutti frutti. De garder la forme. De s'épanouir, telle une plante tropicale en plein été. Au mitan de l'existence, vous êtes au top. Regardez vos amies les people, les Carole Bouquet, Sharon Stone, Catherine Ringer, Clémentine Célarié… Vous trouvez qu'elles font de la peine ? Non, on les envie, on les imite, on rêve de ressembler à ces mûres créatures toujours sexy.

Comme un vigile à la croisée des chemins, la quinqua rassure les plus jeunes qui veulent bien vieillir « comme ça » et sert de modèle à celles qui n'en finissent pas d'avoir cinquante ans ! Car la quinqua d'aujourd'hui est une pionnière, qui n'a rien à voir avec sa mère ou sa grand-mère au même âge. Elle a entendu parler de la libération sexuelle dès la maternelle, connu l'explosion de la famille traditionnelle, découvert les bienfaits du Powerplate, du thé vert et de la cosmétique bio, elle a vu enfin son espérance de vie s'allonger. Génération quinqua, ce sont des bataillons de sémillantes baby-boomeuses qui entendent bien jouer sur tous les tableaux, femmes actives, amantes désirantes, (m) amies rock'n'roll…

Eh oui, bonne nouvelle. Les « quinquases » sont à la mode. Et ça ne rime pas avec nase !

Reconnaître la quinqua

– Elle a des petites rides qui sourient au coin des yeux quand elle est de bonne humeur, ça lui va bien.

– Elle pouffe comme une gamine avec ses copines, on ne sait alors plus très bien quel âge lui donner, ça lui convient.

– Elle doit refaire sa teinture tous les mois parce qu'elle a de plus en plus de cheveux blancs, ça l'agace.

– Elle s'autorise à appeler (presque) tout le monde « mon mimi » sous prétexte qu'elle est maintenant une grande fille, ça peut agacer.

– Elle fait un maximum d'efforts pour s'entretenir, ça lui coûte bonbon.

– Elle soupire ou minaude quand on lui demande son âge, ça lui donne un petit air vulnérable.

– Elle est incollable sur l'œuvre de Ken Russell ou de Mick Jagger, ça ne trompe pas.

– Elle porte des vêtements plus amples, moins courts, elle cache ses genoux, ça non plus ça ne trompe pas.

– Elle n'aime pas la jeune assistante de son vieux mari, elle la trouve un peu pétasse, ça fait sourire.

– Elle tente de ne plus couver ses enfants comme des petits moineaux et de les laisser s'autonomiser, ça la rend touchante.

– Elle veut changer de poste ou de boulot parce qu'après ce sera trop tard, ça se discute.

– Elle s'énerve si on la classe parmi les seniors, elle se met en colère, ça fait partie de son charme.

****

Les dix commandements de la quinqua

1. Belle et rebelle tu deviendras, si tu ne l'es pas déjà.
2. Ta crise tu feras, mais tu t'en remettras.
3. Fidèle à toi-même tu resteras.
4. Les ghettos tu refuseras, jeunes et vieux tu fréquenteras.
5. Les remords tu banniras, et les regrets tu oublieras.
6. La cellulite tu combattras, mais te martyriser tu éviteras.
7. L'allure et le chic tu cultiveras.
8. Ton désir tu trouveras, et sans mollir tu le suivras.
9. Le rôle de Mamie Nova tu refuseras.
10. Dans l'amour tu vivras et à t'ouvrir aux autres tu t'appliqueras.

****

Faire sa crise

Non, les crises existentielles ne sont pas réservées aux seuls ados, trentenaires ou quadras… Les « quinquases » aussi ont le droit de péter les plombs. À peine sorties de la CMV (Crise du Milieu de Vie), vous voilà prêtes à enchaîner avec celle de la cinquantaine, la CCM (Crise Carabinée de la Maturité) qui ressemble en bien des points à la crise d'adolescence. Humeur instable, libido désordonnée, remise en cause, questionnement et autres perturbations hormonales…

Prise entre les feux de ses rêves et la douche froide de la réalité, la quinqua qui fait sa crise est un petit être attachant qui mérite toute votre attention.

Mais comment identifier votre CCM ? Êtes-vous dans un état grave, mi-lourd ou acceptable ? À vous de voir…

Vous êtes en pleine CCM si…

– Vous refusez de vous lever le matin. Quand le réveil sonne, vous le balancez à travers la pièce et vous vous rendormez.

– Vous vous interrogez sur votre foi, vos croyances. Vous vous demandez si Dieu existe, pourquoi vous êtes sur Terre et s'il y a une vie après la mort.

– Vous faites la grève des tâches domestiques : que Gérard et les enfants se démerdent.

– Vous faites la grève du sexe : il y a des choses plus importantes dans la vie.

– Vous papotez des plombes au téléphone avec vos copines au lieu de bosser le dossier Duchemol. Vous n'en avez rien à faire d'être lourdée.

– Vous restez plantée des heures devant vos placards, en hurlant : « J'sais pas koi m'mettre ».

– Vous passez des jours entiers vêtue d'un jean, d'un grand pull et les cheveux pas coiffés. Vous vous foutez bien de séduire.

– Vous passez des soirées entières à avaler des Temesta avec de la vodka, sous prétexte que Firmin n'a pas donné de nouvelles depuis six mois.

–Vous sortez en larmes de chez le coiffeur parce qu'il a raté votre couleur, et décidez de vous remettre au henné.

– Vous vous nourrissez de lait de soja, de bananes et de carottes râpées car vous avez la flemme de vous faire à manger.

–Vous débranchez vos téléphones et vous plongez dans des lectures ardues (Joyce, Spinoza…) en y cherchant, sans le trouver, le sens de votre vie.

– Vous vous interrogez sur l'amour en général et Armand en particulier.

–Vous êtes convaincue d'avoir vécu toutes les passions méritant de l'être.

– Vous rompez avec toutes les personnes positives et bienfaisantes de votre entourage.Vous décidez de rappeler quand ça ira mieux.

Vous avez plus de dix réponses positives ? Consultez d'urgence un psychothérapeute !

****

Faut-il dire son âge ?

Il y a deux écoles.

Refuser farouchement de dire son âge, mentir, secouer la tête et vivre dans le déni. Laisser supposer que vous avez peut-être beaucoup plus, ou beaucoup moins. Que vous n'avez plus d'âge finalement, sauf celui des fantasmes de votre interlocuteur. Ou bien, assumer. Au goujat qui insiste, répondre : j'ai cinquante-deux ans et demi. Être précise. Tenter le pari. Espérer que l'on vous réponde que vous ne les faites pas du tout… Vous n'avez rien à cacher, pourquoi avoir honte de votre état-civil ? Pour vous, il n'y a pas d'âge limite pour être bien dans ses pompes, et séduire. Mentir ou être cash ? À vous de voir. Vous êtes assez grande pour choisir, entre le plaisir de la dissimulation et celui de l'authenticité.

****

Adopter la quinquattitude

La quinquattitude est difficilement définissable. Est-ce un mélange de légèreté et de gravité ? De vulnérabilité et d'assurance ? De jeunesse et de maturité ?

La quinquattitude se cherche et se trouve. On n'a pas besoin d'avoir cinquante ans pour la cultiver.

La quinquattitude est une allure. Une manière d'être au monde exigeante qui requiert certains principes :

– Regarder vers demain, plutôt que vers hier. Remords et regrets n'ont jamais donné bonne mine.

– Garder l'appétit du moment. Bosser sur le dossier Duchemol avec entrain, prendre un verre avec une amie, faire les soldes, rencontrer un jeune homme sympathique… Chaque instant est un bonheur.

– Être consciente du temps qui passe. De la brièveté des années qui vous sont données. On ne perd plus son temps avec des gens, des activités, des situations qui vous ennuient ou vous pompent l'air.

– Aller vers l'apaisement. Être cool. Est-ce bien utile de reprocher à Firmin d'être parti, à Gérard de ne pas laver sa tasse du petit-déjeuner et à votre fils Benjamin d'acheter du shit avec son RSA ?

– Rester rock'n'roll. Qui vous empêche de danser en secouant les cheveux, de dîner d'une mousse au chocolat et d'une bouteille de champagne et de vous taper trois opéras avec Jean-Sébastien qui adore la musique lyrique ?

– Apprendre tous les jours. À conduire, cuisiner une daube, coudre un ourlet... S'initier au japonais, lire Cioran ou le Coran, discuter avec son fleuriste ou son garagiste.

– Entretenir son humour. Le développer. Ouvrir un œil critique mais pas méchant sur le monde.

Devenir une grande fille

Longtemps vous avez pu imaginer que la vie n'était qu'éternel renouvellement, à l'image de ces calendriers perpétuels qui redémarrent chaque année sur la même page. Mais depuis que vous avez fêté vos cinquante ans, votre appréhension du monde et de la réalité s'est insensiblement modifiée. Le temps qu'il reste à vivre semble soudain se rétrécir, tandis que devient urgent le sentiment qu'il n'y a plus une minute à perdre. Accablée par le poids des ans, passés et à venir, vous voilà tentée de jeter l'éponge. De vous laisser aller sur une pente savonneuse, vos frileux petons glissés dans les pantoufles de la pré-retraite.

Une seule solution : changez votre regard, envisagez les choses autrement. Réjouissez-vous du verre à moitié plein. Et ne dites pas que vous vieillissez, par pitié ! Non, vous grandissez. La nuance est de taille : l'avenir paraît soudain plus radieux…

Mais comment grandir ?

– En étant plus gentille avec les autres et avec soi-même, plus tranquille.

– En arrêtant de maltraiter son physique et son mental, comme si l'on devait expier une faute que l'on n'a pas commise.

– En acceptant le deuil, la disparition de proches avec une relative sérénité.

– En étant à la fois plus centrée sur soi-même et plus disponible pour l'entourage.

– En assumant les échecs et les frustrations sans trop s'appesantir.

– En sachant faire le vide et profiter du moment présent.

– En élaborant un « projet de vie » au plus près de ses désirs.

2.
Assumer la ménopause

Ménopause. Longtemps le mot a sonné comme un glas, invitant à faire le deuil de sa féminité. On ne pouvait plus enfanter ? On était bonne à jeter, en tout cas réduite à tricoter, à s'occuper des petits-enfants et des bonnes œuvres de la paroisse. C'était le début de la vieillesse, la fin des haricots et de la séduction. Exceptées quelques pionnières délurées, femme ménopausée rimait avec fin de la sexualité. On passait la main aux plus jeunes, en évoquant en aparté « le retour d'âge ».

Merci les progrès de la science et des mentalités, les choses ont heureusement bien changé depuis ces temps où nos grands-mères (regardez les photos !) vêtues de blanc et de gris nous berçaient en attendant que ça se passe. On ne va pas vivre la trentaine d'années qui nous reste vêtues comme des diocésaines, à nous empiffrer de pâtisseries pour nous consoler de l'implacable sadisme de l'horloge biologique ! Aujourd'hui, la ménopause est plutôt vécue comme un épisode hormonal, une anecdote incontournable mais pas si dramatique que ça de sa vie de femme. Non. Début de la fin ? La faim d'une autre vie. L'arrêt de la fertilité ne pose plus un terme à la gaudriole, à la rigolade, à l'aventure et au voyage.

Non, dit la quinqua moderne qui combat les bouffées de chaleur, les allures de mamie bouffie, la sécheresse du cœur et tout le folklore de la cinquantaine qui a bercé ses aïeules. Non à la dictature des hormones, aux dates limites de consommation imposées par la bien-pensance. Mot d'ordre de la quinqua contemporaine : vive la ménopause ! Bonjour le début d'une seconde vie, qui peut être encore plus réjouissante que la première !

Il faudra, certes, traverser la C.E.M (Crise Existentielle Ménopausique) avec panache. La C.E.M est généralement plus brève et moins grave que la C.C.M. On ne la traitera pas à la légère pour autant, il faudra supporter changements d'humeur et de régime, doutes, rires et larmes, kilos en plus… Mais au bout du chemin, il y a l'apaisement et la renaissance. On n'est plus une jeune femme, mais on est toujours une femme. Jeune. Ménopause, de quoi on me cause ?

****

Comment reconnaître une femme en pleine C.E.M (Crise Existentielle Ménopausique) ?

– Elle parle de plaquer son boulot et de partir faire le tour du monde.

– Elle a la larme à l'œil dès qu'elle croise une poussette.

– Elle entreprend des régimes inutiles.

– Elle est persuadée que Gérard mate toutes les filles parce qu'elle n'a plus envie de faire des câlins.

– Elle regarde les jeunes gens d'un air attendri.

– Elle achète des tonnes de crème hydratante pour peaux matures.

– Elle sort de table en pleurant parce que son fils Grégoire lui a mal parlé.

– Elle dit qu'elle en a marre de faire la boniche et que si c'était à refaire, elle vivrait seule.

– Elle ne rentre plus dans le 38 et donne toutes ses fringues au Secours Populaire.

– Elle abandonne sa thérapie comportementale pour se lancer dans la sophrologie.

****

Pourquoi se réjouir ?

À l'heure de la ménopause, pas question de se laisser envahir par la déprime et les regrets… Il existe des tas de bonnes raisons de se réjouir…

– On ne vit plus au rythme de son cycle menstruel : maintenant, c'est tous les jours qu'on peut emmerder le monde sous prétexte d'hormones folles.

– On ne s'occupe plus de contraception, on peut s'envoyer en l'air le cœur léger.

– On prend du ventre, des hanches : Gérard aime bien, il trouve ça plus confortable pour l'hiver.

– On a la vue qui baisse, on fait de l'arthrose, de l'hypertension… résultat, on passe sa vie chez le médecin. Ça tombe bien, on adore les blouses blanches.

– On a une bonne raison de s'engueuler avec Valentine : cette peste a décidé de vous faire des petits-enfants.

– On entretient des relations différentes avec les hommes. On peut appeler « mon petit chou » ou « mon bébé » tous les garçons de moins de 77 ans.

– On n'a plus la libido qui bat la campagne, on pense à autre chose qu'au sexe (encore que…) quand on discute avec un homme en le regardant dans les yeux.

– On fait des flash-back attendris sur son parcours depuis ses premières règles. Tout ce qu'on a fait, tout ce qu'on a toujours envie de faire. On a le sentiment d'être une femme, une vraie.

– On n'a plus de temps à perdre. On sait ce qu'on veut et on y va. On se recentre sur ce (et ceux) qu'on aime vraiment. La fin des règles signifie le début d'un autre cycle. Ça file la pêche.

– On peut se consacrer à soi. Le chapitre « maternité » est définitivement clos. On se chouchoute, on s'occupe de sa santé, de sa forme et de son moral, on se lance dans de nouvelles activités. Pas de quoi cafarder.

****

Dix trucs pour passer le cap de la ménopause

1. Organiser un « ménopot » avec ses amies pour fêter les premiers symptômes ménopausiques. Les hommes et les jeunes filles ne sont pas invités.
2. Être plus coquette que jamais : on va chez la manucure, la pédicure, on soigne sa mise, on se parfume…
3. Faire une tirelire avec les économies réalisées sur l'achat de protections périodiques et s'offrir un joli cadeau (un pull en cachemire, un pashmina, un sac Prada)
4. Coucher avec un homme qui vous trouve très belle (Gérard, un vieil ex, un copain de Grégoire…)
5. Apprendre la danse du ventre (ça tombe bien, on en prend !) Pour re-séduire Gérard.
6. Rendre visite à son (sa) gynéco pour un bilan complet. Changer de praticien(ne) s'il (elle) vous parle avec commisération.
7. Prendre un abonnement à la piscine : nager, c'est bon pour ce que vous avez !
8. Partir en thalasso avec votre fille Valentine : vous avez besoin de vous rapprocher.
9. Changer de coupe et de couleur de cheveux.
10. Faire enlever ces vilaines poches sous les yeux et/ou s'offrir des lunettes de marque.

****

Comment en parler ?

Sujet tabou ? Non. La ménopause n'est pas une maladie honteuse, sexuellement transmissible. Elle ne signifie pas non plus que l'on devient une vieille dame du jour au lendemain. Avec un peu d'efforts (exercice physique, alimentation) et l'aide de la médecine, la ménopause peut même passer comme une lettre à la poste.

Il est donc inutile de dramatiser le sujet. Et tout aussi inutile de nier la réalité. On assume, sans pathos. On n'en fait pas des tonnes. Mais on ne glisse pas le dossier sous le tapis.

Faut-il en parler avec son conjoint, son vieux mari ? Faut-il laisser traîner des boîtes de tampons dans la salle de bains pour faire croire à Gérard que « vous les avez toujours » ? À moins que vous ne cherchiez à convaincre votre partenaire que vous êtes dotée d'une éternelle jeunesse, ou que votre compagnon depuis vingt ans ne puisse voir en vous qu'une fraîche jeune fille, il faudra bien un jour évoquer la C.E.M. À vous de jouer, avec humour et légèreté. N'oubliez pas qu'à lui aussi, ça peut donner un coup de vieux.

On proscrira en revanche la description détaillée de ses bouffées de chaleur, sueurs nocturnes et autres aléas de son nouvel état. Il y a de quoi décourager les élans amoureux les plus sincères.

On gardera pour les confidences entre vieilles potes la narration par le menu des symptômes qui nous accablent.

Encore tentera-t-on de faire court : même notre meilleure copine se fiche un peu de savoir que l'on teste le dernier gel hormonal.

On évitera aussi d'évoquer sa ménopause au boulot, avec l'assistante du service ou son supérieur hiérarchique. Ou d'entreprendre la première personne rencontrée dans une soirée sur la chronologie de sa C.E.M.

La ménopause n'est plus un tabou, mais la grève illimitée de nos ovaires ne mérite ni publicité, ni tapage médiatique. Rien de moins sexy que le récit médicalisant du fonctionnement de notre usine interne.

Alors, faut-il parler de sa ménopause ? Oui, si l'on procède par petites touches humoristiques et évocation délicate. Si l'on fait passer le message avec grâce. Non, si l'on balance sans discernement le poids de sa lassitude et de ses problèmes gynécologiques à tout son entourage.

Savoir parler de sa ménopause, c'est aussi savoir la vivre. Bien.

****

À éviter

– Rompre avec Firmin en pleine C.E.M.
– Imposer ses ronflements et ses nuits agitées à Gérard.
– Se faire piquer le poste qu'on convoitait par une jeune louve sans scrupules alors qu'on est déjà flippée par son âge.
– Manger comme un chancre pour se consoler.
– Boire comme un trou et fumer comme un sapeur : pas sûr que

vos hormones folles apprécient ces excès.
– Suivre un traitement hormonal sans un strict contrôle médical.
– Se faire lifter pour refuser le temps qui passe.
– Oublier de se tartiner de lait hydratant en sortant de la douche.
– Sauter sur tout mâle valide pour vérifier son capital séduction.
– Laisser traîner des lubrifiants dans la salle de bains.

****

Commencer une nouvelle vie

Et si l'on vivait la ménopause comme une libération ? Si la C.E.M était l'occasion de rebondir, de passer à autre chose ? Les enfants sont plus ou moins (bien) élevés, les vieux maris sont parfois partis, les amours s'apaisent… Et si c'était le moment d'aller vers de nouvelles passions, de réaliser des rêves enfouis ? De ne pas se laisser glisser en charentaises vers la vieillesse, mais au contraire de se donner la chance d'une seconde jeunesse, d'un autre souffle ? Rien n'est plus proche de la C.E.M que la crise d'adolescence. Au malaise et au questionnement succèdent l'épanouissement et la réalisation. La femme ménopausée n'est pas forcément une femme posée, plutôt une femme qui renaît.

Quelques suggestions

– Quitter la ville, sa pollution et ses transports en commun. Partir ailleurs, vivre dans un autre espace. Se barrer, ouvrir une maison d'hôtes en Dordogne ou une pizzeria halal au bord du Nil.

– **Divorcer**, mettre un terme à un couple sans fougue, à un quotidien morose et aux habitudes sclérosantes. Au début ça fait mal, ça déménage, Gérard et vous c'est quand même vingt ans de votre vie ? Courage, faites le ménage. Avec un peu de chance, Gérard restera votre meilleur ami.

– **Se marier.** Vous avez passé votre jeunesse ballottée entre plusieurs amants, des cohabitations bancales, des ruptures saignantes et des célibats sans joie. Il est temps de poser vos sacs. De vous unir à un compagnon fidèle, qui restaurera avec vous une vieille grange dans le Larzac.

– **Changer de boulot.** Quitter son poste, se mettre à son compte, prétendre enfin être à la hauteur de ses ambitions… Vous ne voulez pas attendre la retraite en comptant vos points ? Foncez dans une activité qui vous plaît… seniors pas morts !

– **Devenir une bombe.** Vous fûtes une jeune fille rangée, une mère exemplaire et une compagne aimante. Aujourd'hui, tout a changé. Vous jetez aux orties vos robes liberty et oubliez vos scrupules de femme sage, bien décidée à profiter des derniers feux de l'amour et de votre plastique toujours attrayante. Vous courez les soldes Dolce & Gabbana et multipliez les liaisons, juste pour le fun.

– **Devenir lesbienne.** Vous avez fait le tour de ce que les mâles –sous toutes leurs formes– pouvaient vous offrir ? Vous ne trouvez plus votre place sur un marché de la séduction saturé ? Vous pensez que la femme est l'avenir de la femme et qu'il est temps de s'intéresser à cette moitié de l'humanité ? Prenez une amante et affichez votre bisexualité. Avec un peu de chance, vos enfants trouveront ça terriblement *hype*.

– **Voyager.** Vous ne connaissez pas grand-chose du vaste monde et ne voulez pas mourir idiote.Vous entraînez Rémi et Géraldine faire du trekking dans l'Himalaya ou Jean-Séb faire le tour des Petites Antilles. Vous pouvez même partir seule, à la découverte d'un continent inconnu. Au retour, vous n'envisagerez plus l'existence de la même manière.

– **Entreprendre une psychanalyse.** Un voyage passionnant dans les tréfonds de votre inconscient. Parce qu'il est temps de comprendre pourquoi vous ne tombez que sur des losers, pourquoi vous avez peur de quitter votre job de commerciale pour ouvrir une boutique bio, pourquoi vous n'arrivez pas à faire le deuil de Firmin qui vous a quittée il y a déjà cinq ans. Et pourquoi vous traversez une C.E.M particulièrement gratinée.

– **S'investir dans le caritatif.** S'occuper des autres, voilà une bonne façon d'oublier ses petits tracas (lifting raté, divorce difficile, perte de son emploi...) et voilà qui donne un autre sens à la vie. S.d.f, famine en Afrique noire, enfants déshérités, vieillards isolés... les causes ne manquent pas, qui méritent votre compassion.

– **Arrêter de fumer.** Parce que mine de rien, ça fait trente ans que vous tirez sur vos américaines sans modération. Parce que vos poumons ressemblent à de vieux bouts de goudron racornis. Parce que fumer, ça bouffe beaucoup de temps et d'argent. Parce que tousser et cracher dès le réveil, ce n'est pas très glamour. Parce que votre teint gris et vos rides vous donnent dix ans de plus. Parce qu'une nouvelle vie, ça démarre en grimpant les escaliers quatre à quatre...

3.
Rester sexy

Puis-je toujours porter ma jupe courte et mes cheveux longs ? Dois-je troquer mes stilettos contre des souliers plats ? Donner mon lipstick fuchsia à ma fille et me rabattre sur un baume hydratant ? s'interroge la quinqua devant la glace de la penderie… Mon beau miroir, dis-moi quelle image je renvoie ? Comment bannir le déguisement sans renoncer à la fantaisie ?

Vous voilà à un âge où se bousculent nombre de questions aussi existentielles que fondamentales. Et les réponses ne sont pas si faciles. Une chose est sûre, vous ne pouvez plus être dans l'improvisation, dans le tâtonnement. La quinqua est censée maîtriser ce qui lui va. À quoi serviraient trente ans de lecture de *Jeune et Jolie*, *Elle* et autres *Femme Actuelle* si vous ne savez pas jouer avec votre morphologie, mettre en valeur vos atouts et masquer vos défauts ? Ok, votre corps a légèrement changé depuis quelques temps. Une certaine tendance à prendre des rondeurs là où auparavant il n'y avait que courbes harmonieuses. Un léger affaissement, une peau moins lisse, au mieux un mûrissement... Résultat, dans votre tête aussi c'est un peu chamboulé. Le risque est latent de perdre tous vos repères, y compris vestimentaires. Ce n'est pas le moment.

Soyez-en convaincue, rien, ou presque, n'est interdit à la quinqua. Le tout est de ne pas commettre d'excès et de s'en tenir à une seule ligne de conduite : séduisante toujours, pétasse jamais ! On ne se pose pas de limites, sauf celles de l'esthétique. Pourquoi dévoiler ses bras s'ils pendent comme le goitre d'un dindon, ou exposer des genoux grassouillets qui seraient tellement plus heureux cachés sous les jambes d'un pantalon ? En revanche, à vous les petits hauts moulants si vous avez une taille à faire pâlir de jalousie un essaim de guêpes. À vous les robes courtes et les bottes si vos cuisses ont la qualité plastique de celles de Kate Moss.

Le mot d'ordre est simple : ni girly, ni mamie. Enfin, simple, c'est vite dit. Vous vous sentez encore très jeune mais vous savez que vous ne l'êtes plus tout à fait. Alors, comment faire pour ne pas jouer les benjamines sans basculer dans le clan des vieilles ? Ne pas s'habiller comme sa fille ne signifie pas renoncer à tout pouvoir d'attraction. Au contraire ! En jouant sur une séduction moins affichée la quinqua gagne en sensualité et en mystère. Elle peut même adopter des tenues glamour que les ados ne peuvent pas se permettre. Le tout est de ne pas en faire trop.

Les 10 commandements de la quinqua sexy

1. À vous, vous ressemblerez. Depuis l'âge de 18 ans vous êtes plutôt jean et pulls noirs. Pourquoi faudrait-il passer au rose pâle, voire au vieux rose, sous prétexte que cela adoucit les traits ?Vous n'avez jamais enfilé un tailleur de votre vie ? Si vous décidez de vous y mettre maintenant, vous risquez d'être aussi à l'aise dans votre deux pièces que dans une grenouillère. Non, suivez votre style façonné patiemment, ne vous éloignez pas des formes et des couleurs qui vous vont et dans lesquelles vous vous sentez bien. Et surtout, soyez en adéquation avec votre corps. Ne vous cachez pas sous de grandes blouses informes au prétexte que vous vous êtes légèrement arrondie mais ne misez pas non plus sur un haut stretch en dentelles. Il faut savoir raison garder.

2. La bonne tenue au bon moment, vous mettrez. Inutile de vous jucher sur des talons de 14 centimètres pour faire vos courses au Franprix. Quoique... On ne sait jamais... Une rencontre...Un imprévu... Restez chic sans en faire des tonnes. C'est tout le principe de la petite robe noire. Elle ne se porte pas de la même façon l'hiver ou l'été, pour aller bosser ou pour fêter les cinquante ans de Clémentine, à 20 ans ou à 50. Les tenues, c'est comme le sapin de Noël ou les œufs de Pâques. On ne les sort pas à tout propos. On s'adapte à la saison et aux circonstances.

3. Vieille jeune, vous ne deviendrez pas. « Je ne connais rien de plus vieillissant que d'essayer de se rajeunir » disait Coco Chanel. Certaines ne se voient pas vieillir et croient encore que tout leur est encore permis. C'est à la fois touchant et navrant. Quarante ans qu'elles soulignent leurs yeux d'ex-biche d'un gros trait noir bavouillant en fin de journée et elles ne se sont pas aperçues que le cache-cœur de leurs années fac était non seulement défraîchi mais totalement hors sujet. N'hésitez pas à ranger vos placards et à donner à Emmaüs vos tenues de midinettes si vous les aviez gardées jusque-là, par nostalgie ou inconscience. Tenter de se rajeunir coûte que coûte risque de vous donner, au mieux, un air vulgaire. Tout est affaire de dosage. Pas question de faire vos adieux à votre jean fétiche taille 38 s'il continue à vous aller comme un gant. Mais vous n'êtes pas obligée de le porter avec un blouson violet à strass. Mieux vaut éviter le total look et être un peu décalée. Sachez dépareiller, surprendre, assembler. Sans aucuns interdits. Il n'y a pas de style par tranches d'âges, juste une façon d'être.

4. La jeune vieille vous fuirez. Parce que vous n'avez plus trente ans, il faudrait camoufler votre corps, et renoncer à tout sex-appeal ? S'abonner à la lettre mensuelle de Damart et de la Maison du jersey ? Ne porter que robes en fibres de sapin en dessous du genou avec des collants chair ? Si vous voulez jouer les dames patronnesses, libre à vous, mais ce serait vraiment dommage de basculer aussi jeune dans le troisième âge.

5. Du « pratique » vous vous méfierez. Ah, le piège horrible ! Évidemment que les talons font mal aux pieds et qu'on est beaucoup plus à l'aise dans de bonnes vieilles chaussures plates, de préférence un peu éculées. Ce n'est pas très grave, vous dites-vous, je n'ai pas grand monde à séduire. Gérard ne va pas me lâcher au bout de trente ans, et ce n'est pas maintenant que je vais rencontrer Roméo... Erreur ! Et pourquoi pas porter des robes infroissables Marcelle Griffon pendant que vous y êtes ? La séduction, c'est aussi cela. Ne jamais fléchir même s'il faut avoir un peu mal aux pieds ou manier le fer à repasser.

6. Mélanger, vous saurez. Vous aimez votre perfecto en cuir que vous chouchoutez depuis vingt ans ? Pas de problème. Mais si vous ne voulez pas faire vieille motarde sur le retour, laissez les santiags au placard. Mariez-le plutôt avec une jolie jupe un peu classique pour casser les codes. De même que rien ne vous oblige à vous vêtir de cachemire de la tête aux pieds au prétexte que les matières nobles sont intemporelles. Un collier de perles réchauffera votre veste en jean et des bijoux fantaisie rajeuniront votre tailleur. Fuyez les diktats, amusez-vous, il n'y a pas d'âge pour cela.

7. La mode vous aimerez. Les créateurs ne travaillent pas que pour les moins de 25 ans. Et contrairement aux yaourts, aucune date de péremption empêche d'observer les tendances du moment. Mais ne les suivez pas toutes en même temps, si vous ne voulez pas ressembler à une fashionista sans caractère. Affirmez votre personnalité en sélectionnant ce qui vous va, vous plaît.

8. Soin de vous, vous prendrez. Peu importe que l'on ait le cheveu court ou long, l'essentiel est de l'avoir propre, brillant et bien coupé. Et, cela va sans dire, sans racines de quatre centimètres... Tout est à l'avenant. On prend soin de ses ongles, sans forcément s'acharner sur le vert à paillettes. Même en phase bipolaire, on évite les fripes fripées et les chaussures épuisées. Le laisser-aller et l'à peu près, ça peut passer à vingt ans. À cinquante ans, ce n'est plus possible.

9. Le détail vous soignerez. Le raffinement est dans la petite touche. On peut réveiller une tenue sobre et simple par mille astuces qui feront la différence. Un foulard panthère, pourquoi pas ? Mais évitez les gants et le sac assortis. Un rouge à lèvres rouge pétard ? Bien sûr si vous n'avez pas tartiné vos paupières de fard turquoise. D'énormes boucles d'oreilles à pampilles ? Ne vous en privez pas, mais ne portez pas de collier en même temps. Noël, c'est fini ! Et va pour le jean élimé. Ça, c'est cadeau !

10. La belle fringue vous chérirez. Selon les sociologues, la quinqua est au top de son pouvoir d'achat. Si vous êtes exclue des statistiques, suivez ce dicton de grand-mère « il faut avoir les moyens pour acheter bon marché ». Plutôt que de multiplier les petits achats pas chers, craquez de temps en temps sur un vêtement de marque, une belle pièce qui donnera du chic au look le plus basique. Comme dit Gérard : C'est déjà dur d'être pauvre, si en plus faut se priver !

****

Faut-il piquer ses fringues à sa fille ?

Impossible de garder le moindre cachemire dans votre placard : votre fille fait régulièrement main basse dessus. Et s'il n'y avait que ça... Tout y passe du moment que c'est plus beau et plus cher que ce qu'elle peut s'offrir. Faut-il se venger en pillant ses étagères ? En allant vous servir dans l'armoire de Valentine, vous risquez...

... de croire que son Diesel vous va aussi bien qu'à elle.
... de tomber sur des choses que vous auriez préféré ne pas voir.
... de lui laisser croire que votre placard est résolument le sien.
... de penser qu'H&M c'est super classe.
... de lui donner un coup de vieux.
... d'en venir à lui piquer son petit copain.
... de croire que vous avez toujours 18 ans.
... de créer une rivalité entre vous qui n'a pas lieu d'être.
... d'avoir une crise d'acné juvénile.
... d'oublier de préparer votre retraite.
... de vous faire appeler maman par vos petits-enfants.

****

Cinq looks à proscrire

– **La baba attardée.** Dans les années 70, elle brodait des fleurs multicolores sur son jean, portait des chemises mexicaines violettes et, hiver comme été, déambulait en sabots suédois. L'été se passait forcément à Ibiza en fumant quelques pétards sur la musique de *More*. Personne ne lui a dit que cette époque était révolue. Elle persiste à s'appliquer des cataplasmes de henné parce que ça fait du bien aux cheveux, et ne lâche pas son bâton de khôl, venu en ligne directe du Maroc, qui laisse des chiures au coin des yeux et rétréci le regard. Ses placards regorgent de sarouels orange et vert pomme, de tee-shirts en coton recyclés et de tuniques indiennes. Pas question d'aller chez son primeur bio -qu'elle tutoie, forcément- sans un bandeau ethnique autour de la tête. Trop cool…

– **L'éternelle gamine.** Elle ne voit pas de différence entre elle et ses nouveaux copains/copines des cours d'art plastique. Elle a trente ans de plus, et alors ? Ça l'empêcherait de mettre sa mini-jupe en jean, ses cuissardes et de montrer son soutif à balconnets ? Ça la fait kiffer grave de s'habiller comme une jeunette et parler en verlan lui donne le sentiment d'être une MILF (*Mother I'd Like to Fuck*). D'ailleurs, ça peut marcher… Elle hésite juste à arrêter le Prozac pour se remettre à la bière. Avec son traitement hormonal, est-ce bien conseillé ?

– **L'executive woman.** À l'âge où toutes les filles étaient en jean, elle portait déjà un tailleur. Trop sexy, pensaient les hommes ! Mais, avec les années, elle a gardé le pli et accentué le trait. Son uniforme de bureau (noir, bleu marine ou gris) a pris deux tailles et ses escarpins tellement classiques évoquent davantage l'hôtesse de l'air que la bombe sexuelle. Sans parler du brushing cartonné toujours impec, du maquillage waterproof qu'il faut récurer à la brosse, du faux Hermès accroché au sac à main, le tout agrémenté d'un collier de perles. Au bureau, pense-t-elle, pour se faire respecter, il faut ressembler à un homme.

– La sportive tout terrain. Le Club Med Gym est son chez elle. Trois heures d'entraînement intensif par jour. Poids, cardio, endurance, il ne faut pas mollir. Le moindre gramme de graisse est traqué comme la petite vérole. Son corps est aussi sec que ses triceps gonflés. Le plus souvent, elle vit en survêtement. Elle en a de toutes les couleurs. De préférence à trois bandes. Cheveux courts, pas de maquillage, c'est plus pratique. L'échec lui est insupportable, d'ailleurs elle n'a que des pensées positives. D'une énergie épuisante, rien ne l'arrête. Le week-end, c'est balade en forêt, escalade, canoë, marathon. Les hommes ? Excepté les compétiteurs de triathlon, la sportive ne les calcule pas. Sa séduction à elle se joue sur le terrain.

– La diva tapée. Elle bosse dans le cinéma ou l'édition, à moins qu'elle soit l'arrière- petite cousine d'une personnalité. Très à l'aise en toutes circonstances, elle a le verbe haut et la saillie facile de celle qui fréquente du beau linge. Tout lui va, pense-t-elle, car elle est à tomber. Aucun surmoi ne l'empêche d'arborer son pantalon en cuir pour un petit-déjeuner au Crillon ou son chemiser noir transparent en réunion. Aucune pluie ne lui fait quitter ses lunettes de soleil. De sa bouche carmin assortie à ses ongles –elle ne supporte que Rouge fatal de Chanel–, sort à toute heure de gros volutes de fumée. Les cigarillos, elle en est folle !

Trop c'est trop !

Ni fraîche pâquerette ni vieille dame, la quinqua se déploie dans un entre-deux. Alors côté look, elle fait ce qu'il faut. Jamais trop.

– **Trop court :** Le string à petits cœurs qui dépasse du jean taille basse n'a jamais été très élégant. Passée la vingtaine, on n'y pense plus. Même en rêve. Même roulée comme une déesse. La jupe peut-être courte si les gambettes le permettent mais on proscrit résolument le ras la touffe. Quant au top qui découvre le nombril, abdos en béton ou pas, on oublie. Encore pire si vous vous êtes laissé aller à un petit piercing !

– **Trop moulant** : Le près du corps nécessite une plastique absolument irréprochable. Et même dans ce cas, il faut savoir moduler. D'accord pour le chemisier bien cintré qui met en évidence vos attributs, mais ne le portez pas avec un slim. Ok, vous êtes bien roulée mais inutile d'en faire un argument de vente. La quinqua séduit, mais n'aguiche pas.

– **Trop haut :** Pas plus de queue-de-cheval sur le sommet du crâne que de couettes au-dessus des oreilles. Et la choucroute, c'est indigeste. Vous pouvez jouer avec vos cheveux, les accessoiriser, mais n'ayez pas le vertige des hauteurs. Quant aux talons, à vous de voir. À moins que vous ne disposiez d'une voiture avec chauffeur, l'essentiel est d'arriver à marcher.

– **Trop dévoilé :** Mettre en valeur ses avantages ne veut pas dire les exposer sur la place publique. Vous pouvez parfaitement vous permettre une blouse un peu transparente si la nudité est suggérée et non affichée. Mais en dessous, pas de soutien-gorge à frou-frou et encore moins de seins à l'air. Vous aimez la dentelle ? À manier avec précaution. Trois écueils menacent : se donner des allures de pré-pubère, passer pour une péripatéticienne ou entrer définitivement dans le clan des mémés.

– Trop maquillée. La tentation est grande lorsque l'on n'est plus tout à fait satisfaite de son image, de vouloir tout camoufler. Mauvais plan ! Mieux vaut y aller par petites touches discrètes et éviter les plâtras de fond de teint. Cela va vous momifier et vous paraîtrez dix ans de plus. Cachez vos cernes, unifiez votre teint, après vous pouvez vous permettre une petite touche personnelle. Pourquoi pas un fard à paupières violet si ça vous plait, un rouge à lèvres flashy ou un vernis bleu. Tant que vous ne cumulez pas tout... Mais allez-y mollo sur le crayon contour des lèvres. Il aura une fâcheuse tendance à s'infiltrer insidieusement dans vos ridules... Quant au gloss bien brillant et qui colle, comment dire ?, on risque de trop s'attacher à vous...

– Trop blonde, trop noire. Casque d'or et Blanche-Neige avaient l'atout de la jeunesse. À trop forcer sur la couleur, on a vite fait de tomber dans *Alerte à Malibu* sur le retour ou d'intégrer la famille de Cruella. Ne vous privez surtout pas de couleur mais ne jouez pas trop aux chatons barbouilleurs.

– Trop long. Une frange vous permet de cacher un front un peu marqué ? Pas de problème si vous évitez le style bichon maltais. Faut-il raccourcir vos longs cheveux ? Oui, s'ils sont filasse, vous donnent l'air fatigué et que vous vous asseyez dessus. Mais vous n'êtes pas obligée de suivre à la lettre les dictateurs du bon goût qui affirment avec force que passé quarante ans les cheveux ne doivent pas dépasser les épaules. À cinquante ans, vous avez bien le droit de n'en faire qu'à votre tête, non ?

– **Trop total look.** Ça, c'est valable pour tous les âges passé six mois. Oui au pull rose bonbon, mais si vous ne voulez pas ressembler à une barbe à papa, oubliez le pantalon et les chaussures assortis. Le tout panthère marche bien au Festival de Cannes, mais s'exporte mal. Même chose pour les bijoux. La parure complète est du meilleur effet à condition de la dépareiller. À tout vouloir mettre ensemble on pourrait penser que vous avez eu un prix de gros.

– **Trop triste.** Votre ménop' vous a filé un coup de blues et vous vous croyez perdue pour la gente masculine (ou féminine ?). Arrêtez de jouer les veuves corses ! Noir c'est noir, certes, mais il y a encore un peu d'espoir ! Portez des couleurs, mélangez-les, amusez-vous avec les verts et les oranges, cela vous égayera et vous rajeunira !

– **Trop tatouée.** Tout le monde a commis des erreurs de jeunesse. Vous avez un papillon sur l'épaule, ou une chaînette dessinée sur la cheville ? Pas grave. Vous trouviez le tatoueur tellement séduisant que vous n'avez pas pu vous arrêter ? Et vous voilà avec « LOVE » sur les phalanges et « À mon roudoudou pour la vie » sur l'avant-bras ? Vous pouvez tenter le laser. Ou assumer.

4.
Éviter le lifting

Ce matin, vous avez la mine chafouine. Le trait flapi. L'image que vous renvoie le miroir n'est pas des plus sympas. Vos sillons nasogéniens ont pris un sale coup et vous avec. Et ces joues, flasques et pendantes… Un vrai sharpei ! Il faut faire quelque chose ! En tirant vos bajoues vers les oreilles, ça va déjà mieux. Beaucoup mieux. Fini, ces montagnes russes, ces rides, cette peau avachie. Et en tenant la joue gauche d'une main pendant que l'autre main remonte le front vers vos cheveux ? Non seulement votre peau est plus tendue mais votre regard s'allume. Dix ans de gagnés ! Il faudrait une troisième main pour, en même temps, faire disparaître ce double menton d'inspiration balladurienne…

Et s'il n'y avait que ça… Avec vos paupières tombantes, de plus en plus difficile de vous maquiller. Et ces poches sous les yeux contre lesquelles même l'anticerne le plus cher a du mal à agir…

Heureusement, la glace de votre salle de bain n'est pas assez grande pour visualiser d'un seul coup d'œil cette lente métamorphose, qui, de jour en jour, vous éloigne un peu plus de la fermeté de vos vingt ans. Vos seins sont moins conquérants, votre ventre se rappelle vos grossesses ou des excès divers... Ne parlons pas des fesses un peu lunaires avec ces petits cratères, des genoux qu'il vaut mieux cacher, du haut du bras qui pourrait être plus ferme...

Ok, vous êtes de mauvaise humeur ce matin. Il fait un temps de chien et une journée assommante s'annonce. Justement. Pourquoi devoir en plus supporter cette tête alors que vous avez envie d'être Marilyn et Greta à la fois ? Alors surgit l'idée jusque-là insidieuse : un petit coup de scalpel et il n'y paraîtra plus rien. Après tout, le lifting est devenu monnaie courante, non ? Aussi commun que le blanchiment des dents. Alors, pourquoi pas moi ? Mais abandonner son visage aux mains de Docteur Faust n'est pas si simple. Il existe mille raisons de résister à la tentation –illusoire ?– de se faire ôter vingt ans de trois coups de scalpel...

Ne pas le faire parce que...

Ça se voit. C'est obligatoire. À quoi servirait un lifting invisible, d'ailleurs ? Certes, votre peau sera lisse comme une toile cirée, (mais peut-être beaucoup trop), ces vilains sillons qui vous chiffonnent le matin devant la glace ne seront plus qu'un mauvais souvenir, mais vous aurez l'air de quoi ? Au mieux, d'une femme qui n'assume pas son âge si l'intervention est réussie. Ne rêvez pas, vous aurez tout de même des cicatrices. Au pire, d'une plus toute jeune momifiée. Vaut-il mieux afficher sur votre visage que vous êtes passée sur le billard ou garder ces petites ridules qui sont le sort (et pourquoi pas le charme) de toutes les femmes ? Et de tous les hommes.

Firmin m'aime comme ça. Durant toutes ces années passées ensemble, il vous a vu changer de façon presque imperceptible. C'est lui qui a entrevu votre premier cheveu blanc. Ça l'a ému. Vous, ça vous a déprimé. Vos petites pattes d'oie vous ont fait passer à ses yeux dans la catégorie « Femme ». Et chaque nouvelle ride a célébré votre union tenace. Si ce n'est pas le cas, ne vous bercez pas d'illusions, ce n'est pas un repassage de peau qui sauvera votre couple.

Vous ne connaissez Firmin que depuis trois mois ? Il est urgent de ne pas toucher à ce visage qui l'a séduit. Quelle tête ferait-il si vous changiez la vôtre ? Il y aurait tromperie sur la marchandise.

Ça fait mal. Imaginez ce que l'on vous ferait si vous vous décidiez à sauter le pas. Tel un lapin, on vous décollerait la peau, la tendrait comme un drap housse et couperait ce qui déborde. Ça ne peut pas être indolore. Suivront ecchymoses, peut-être œdèmes, interdiction de boire, de fumer, de vous laver les cheveux…

Je suis encore trop jeune. Quel est l'âge idéal pour se faire ravaler la façade ? L'arrivée des premières rides ? Les rides marquées ? Les rides très marquées ? Les rides installées ? Au dire des spécialistes, un lifting se tient bien pendant une dizaine d'années. Faut-il commencer à quarante ans, et renouveler l'opération tous les dix ans ? Comme il n'y a pas d'âge et que, dans le fond, vous vous trouvez pas si mal comme ça (sauf les jours où vous êtes d'une humeur de dogue), vous préférez attendre un peu… Attendre quoi ? En fait, que l'envie de confier la réfection de votre visage à un inconnu vous passe.

Quand on commence, on ne peut plus s'arrêter. C'est comme les cacahuètes. On en prend une et on finit le paquet. Le piège. Vous décidez d'une intervention de faible envergure. Éliminer ce vilain double menton par exemple. Le résultat est satisfaisant. Vous voilà sur la mauvaise pente. Enhardie par cette première expérience, vous vous sentez prête à aller plus loin. Et là, plus rien ne vous arrêtera. À la moindre insatisfaction, vous appellerez au secours votre chirurgien dont vous avez chopé le 06. Un puits sans fond qui vous laissera couturée de toutes parts.

C'est cher. Selon l'intervention choisie, il vous en coûtera entre 2 000 et 10 000 euros ! Le prix d'un beau tour du monde ! Manger des pousses de bambou dans la baie de Ha Long avant d'aller danser la samba sur les plages de Rio lisse assurément les traits de façon beaucoup plus naturelle. Vous éloigner de votre primeur préféré vous donne de la spasmophilie ? Alors, à vous la caresse du vison ou de la zibeline. Vous êtes définitivement, comme Eva Mendès et Pamela Anderson, contre la fourrure ? Gardez vos sous pour vous acheter 9 000 kilos de carottes (125 ans de teint rose assuré à raison de 200 grammes par jour), ou vous abonner pendant douze ans à un club de gym, ou changer de matelas toutes les semaines, ou craquer pour vingt paires de Louboutin. Vous pouvez également choisir d'ouvrir un PEL (Plan Épargne Lifting) à casser le jour où plus aucun argument ne vous fera changer d'avis.

Les rides, c'est tendance. Les couturiers et les grandes marques de cosmétiques s'arrachent les quinquas. Inès de la Fressange, Linda Evangelista, Rosemary McGrotha, et bien d'autres continuent de défiler comme des gamines et l'on se les dispute pour vanter les miracles des crèmes antirides. Chanel et Jean-Paul Gauthier ont même poussé le vice jusqu'à griser les cheveux de leurs tops ! Ce n'est pas franchement le moment d'aller à contre-courant à moins de vouloir passer pour une *has been*…

On n'aime pas les chirurgiens esthétiques. Est-ce bien digne de faire quinze ans d'études (pour les plus sérieux) pour se faire du beurre sur la folie des femmes ? Ils ne sont peut-être pas tous comme dans *Nip/Tuck*, à sauter tout ce qui bouge dans des voitures de sport rutilantes. Quoi que… Mais il y a quelque chose de malsain dans ce choix. Un peu comme les sexologues qui prétendent transformer les plus coincées en reines de la fellation. Des engeances dont il vaut mieux se tenir éloignées.

Ça fait peur. Vos imperfections, vous les connaissez. Vous savez les masquer, en jouer, les oublier. Mais une fois taillée au scalpel, comment ressortirez-vous ? Un œil plus haut que l'autre ? Une vilaine cicatrice boursouflée derrière l'oreille ? Et si l'anesthésiste, troublé par un chagrin d'amour, forçait la dose ? Ces accidents arrivent. Il suffit de lire les magazines féminins ou la presse people pour s'en convaincre. Même les *rich and famous* ne sont pas épargnées. Emmanuelle Béart s'est retrouvée avec une bouche en canard, Sheila avec des yeux atteints de myxomatose et certains quasiment défigurés, comme Mickey Rourke, Michael Jackson, Melanie Griffith, Meg Ryan… Collez donc leurs portraits avant/après sur votre frigidaire si vous avez encore des doutes.

On vous ment. Aucun chirurgien sérieux ne peut garantir le résultat. Certains vous incitent même à des interventions totalement inutiles. Pourquoi refaire ce nez hérité de votre grand-père préféré et qui fait tout votre charme ? Sans parler de ceux qui prétendent qu'il est possible d'allier une semaine de plage et nouvelle gueule, tout ça pour moins cher que gratuit. Le lifting-tourisme *low cost* est un attrape gogo. Pas besoin d'avoir fait médecine pour savoir que bains de mer, soleil et cicatrices ne font pas bon ménage. Quant à l'intervention, elle sera moins onéreuse qu'en France, mais au moindre problème, pour la moindre retouche vous en serez de votre poche. Partez pour Essaouira, mais tenez-vous éloignée des cliniques.

Marre du jeunisme. Excepté quelques pervers, personne ne demande aux filles de vingt ans d'en faire dix de moins. Pourquoi à cinquante devriez-vous en paraître quarante ? S'agira-t-il également de refuser la carte Vermeil par coquetterie ? S'entretenir, prendre soin de soi est une question d'amour propre et de délicatesse vis-à-vis d'autrui. Mais est-ce si dégoûtant qu'un visage porte le poids des ans ? Une paupière un peu lourde est-elle synonyme de débris humain ? Trois rides sur le front sont-elles définitivement des tue-l'amour ? Indignez-vous et portez fièrement votre demi-siècle, vous n'en serez que plus belle !

Vous ne voulez pas ressembler à une vieille bimbo. Tout le monde a croisé dans sa vie ces femmes qui luttent avec l'énergie du désespoir contre les turpitudes du temps. Leur propre mère a du mal à reconnaître leur visage, et une adolescente n'oserait pas s'habiller de la sorte. Taille épaissie corsetée dans un body qui n'arrive pas à contenir leur masse mammaire, maquillage outrancier en signe de séduction, talons dont la hauteur menace l'intégrité du col du fémur, jupe mettant en évidence des genoux qui ont dû être beaux… Il y a quelque chose de dérangeant chez celles qui pédalent ainsi dans le vide, niant l'évidence.

Être tapée peut être sexy. Harold l'avait déjà compris au début des années 70. Il n'y avait pas de femme à ses yeux plus séduisante que Maud. Il avait 20 ans et elle presque 80… Ça n'existe qu'au cinéma ? Peut-être… Surtout dans ce sens-là. Combien de minettes à peine pubères a-t-on vu pendues au bras d'un grand-père cacochyme… Mais la séduction de la quinqua commence à être de notoriété publique et bien des beaux gaillards s'affichent sans complexe avec une femme de dix ou quinze ans leur aînée.

Moi, c'est moi. Vous ne ressemblez pas à miss Monde, surtout l'âge aidant, mais c'est votre tête, votre corps. C'est vous. Et, au fil du temps, vous vous êtes habitués l'un à l'autre, vous à vous. Peut-être même vous êtes-vous liés d'affection ? Pas question de rejeter votre image sous prétexte de quelques ridules et d'un léger affaissement de l'ovale du visage. Vous vous trouviez plus jolie il y a vingt ans ? Il faut assumer. Et vous aimer.

****

Comment reconnaître celles qui y sont passé

– Elles n'arrivent pas à lever les sourcils quand on leur dit un truc très étonnant.

– Elles ont changé de coiffure : cherchent-elles à cacher leurs oreilles ?

– Elles rient du bout des lèvres.

– Elles assurent être contre la chirurgie esthétique et jurent « n'avoir rien fait ».

– Elles affirment beaucoup dormir et se gaver d'acides aminés si on les complimente sur leur bonne mine. Et remarquent avec condescendance que vous avez l'air fatigué.

– Elles ont ressorti leurs talons et leur bouche écarlate.

****

Comment y échapper ?

Il suffit parfois d'un petit changement dans vos habitudes pour récupérer un teint lumineux et estomper quelques vilaines rides. Quelques propositions, non exhaustives, pour oublier le lifting.

– **S'arrêter de fumer.** Outre les dommages internes, le tabac brouille le teint, c'est bien connu et a tendance à creuser la ride. Il est donc conseillé de s'abstenir (d'autant qu'il faudra bientôt faire un casse pour s'acheter un paquet de clopes). Encore faut-il arriver au sevrage tabagique. Rompre avec cette habitude solidement ancrée nécessite la volonté d'un homme de fer. Vous avez réussi ? Bravo ! Vous avez gagné 15 kilos dans les fesses... Quel est le pire ?

– **Vivre sous intraveineuse de thé vert.** Cet antioxydant a toutes les vertus, notamment celle de lutter contre le vieillissement cutané. Alors, adieu vin blanc bien frais à l'apéro et bonjour la tisane-saucisson ? Pourquoi vous martyriser en éliminant les petits plaisirs de la vie ? Cela va vous déprimer et être déprimée n'a jamais donné un teint de pêche.

– **Dormir neuf heures par jour.** Pas mal mais il faut avoir le temps. Difficile de se lever à 7 heures pour aller bosser tout en conservant une vie nocturne. Réservé aux chômeuses et aux rentières.

– Opter pour la burqa. Plus de problèmes d'outrages du temps, les ravages sont camouflés sous ce drap très seyant. Faut-il être aussi radicale ?

– Croire celles qui affirment « n'avoir rien fait ». Sur l'écran ou sur papier glacé, elles sont belles, la mine aussi rebondie que des fesses de bébé. D'ailleurs elles le jurent dans leurs interviews : elles n'ont jamais touché et ne toucheront jamais à leur corps. Il faut laisser faire la nature, qui m'a bien servie. Mouais… Laissons-nous convaincre.

– Se plonger dans des bains de lait d'ânesse. C'est ainsi, dit-on, que Cléopâtre entretenait sa beauté et sa jeunesse. Une option à retenir pour celles qui ont un champ assez grand pour parquer quelques troupeaux. Les autres se contenteront de massages faciaux à base de placenta humain.

– Faire de la gym à outrance. Ne peut pas être nocif. En bougeant on augmente l'oxygène dans le sang et l'on élimine les toxines. Votre teint n'y verra que des avantages. De plus, cela vous fera la cuisse fuselée et un ventre en béton.

– Arrêter de fréquenter des filles plus jeunes que soi. Vous aimez bien Mélanie mais elle a 34 ans. Pourquoi continuer à la voir ? Vous ne pourrez pas vous empêcher de vous comparer à elle (vous ne serez pas la seule) et cela risque d'être à votre désavantage. Elle n'est pas si marrante que ça finalement Mélanie.

– **Brûler vos photos.** Revoir vos lèvres naturellement pulpées par la vigueur de la jeunesse, ne peut que vous faire du mal. Mettez tout ça sur le trottoir. Elles occupent pour rien tout un rayon de votre bibliothèque.

– **Suivre à la lettre les conseils de votre copine esthéticienne.** Matin et soir, démaquillage approfondi en massant légèrement le visage du bas vers le haut par de petits mouvements rotatifs. Puis nettoyage au savon sans savon pour éliminer les impuretés et les excès de sébum. Ne pas oublier la lotion astringente. Appliquer ensuite une crème hydratante en couche épaisse. Tapotez légèrement les paupières et les pattes d'oie avec une crème antirides. Ne pas faire l'impasse sur l'hydratation des lèvres avec, bien sûr, une crème spécifique pour les ridules de la moustache. Tout le reste du corps doit évidemment faire l'objet de la même attention. Prévoyez deux heures par jour.

– **Manger bio-Oméga3 et développement durable.** Une bonne salade d'algues arrosée d'huile de graines de chanvre, voilà qui va vous faire belle ! Fuyez les pesticides et ne jurez plus que par la carotte bio biscornue. À raison, bien sûr, de cinq fruits et légumes par jour. Cela vous coûtera une blinde, mais quel bienfait ! Et si cela ne vous fait pas de bien, cela ne devrait pas vous faire de mal.

– **Prendre un amant.** Un conseil récurrent mais qui a fait ses preuves. S'envoyer en l'air détend les plus chiffonnées.

– Sourire. L'air de rien, cet étirement de la bouche vers les oreilles fait travailler dix-sept muscles du visage. Un exercice extrêmement bénéfique, qui vous donne tout de suite dix ans de moins. Et si vous pouvez aller jusqu'à rire, vous êtes sauvée. Le dalaï-lama est, dit-on, un grand rieur et il n'a pas une ride ! Il est fortement recommandé de rire une quinzaine de fois par jour.

– Essayer la microchirurgie. Pas besoin de chirurgie lourde pour avoir l'air reposée. Peeling, botox, acide hyaluronique peuvent vous être d'un grand secours à relativement peu de frais et sans risques majeurs. En cas de ratage les effets seront résorbés en six mois. De quoi relire tranquillement *La comédie humaine* de Balzac avant de pouvoir remettre le nez dehors. Pas de catastrophe possible donc, au pire une occasion de se cultiver. Mais que celles qui souffrent de tics nerveux, n'hésitent pas ! Avec un visage totalement paralysé par le botox, plus aucune trace de ces mouvements incontrôlés et disgracieux.

Faut-il ouvrir un Plan Épargne Lifting ?

OUI

… si vous avez pris 15 ans dans la tronche depuis que Firmin est parti.

… si vous buvez et fumez comme une folle depuis que Firmin est parti.

… si la caissière du cinéma vous donne d'office un billet senior.

… si votre jeune amant se met à vous appeler « ma vieille ».

… si on vous cède la place dans le bus.

… si vous ressemblez à vieux Mohican au bout de tant d'années de bains de soleil…

… si vous voulez postuler au titre de la plus belle grand-mère.

… si vous ne croyez plus aux ampoules miracle effet lifting.

… si le chirurgien est mignon comme tout. Il ressemble à Firmin, en mieux.

… si vous ressemblez à Jeanne Moreau avant son lifting.

… si votre analyste est parti sans laisser d'adresse.

NON

… si votre marchand de fruits et légumes vous appelle mademoiselle.

… s'il faut remplacer le canapé du salon et payer le soutien scolaire de la petite dernière.

… si Firmin continue à vous offrir des fleurs.

… si c'est dans le but de faire revenir Firmin.

… si vous rêvez d'offrir un voyage au Kenya à Firmin, pour lui faire oublier son chômage.

… s'il n'est destiné à retoucher que votre visage. On verra la différence avec le cou, les mains, les seins, le ventre, les bras…

… si le chirurgien est un ex de Firmin.

… si vous pensez que seule compte la jeunesse intérieure.

… si vous ne voulez pas donner un coup de vieux à votre fille.

… si vous estimez que cliniques et hôpitaux sont réservés aux malades.

… si vous espérez retrouver la tête de vos quarante ans.

… si c'est Firmin qui vous le demande.

… si, comme Jules Renard, vous pensez que « les rides sont des sourires gravés ».

5.
Recycler son vieux mari

Vous avez passé plus de la moitié de votre vie ensemble. Eh oui, tant que ça ! Certes, avec le temps, il n'a plus ces petites attentions qui vous faisaient fondre : mettre une sucrette dans votre café (vous étiez déjà au régime), vous passer de la crème solaire dans le dos (maintenant vous avez le dos rouge pendant un mois), vous offrir un nounours en guimauve…

Vous ne supportez plus, chaque matin, d'entendre traîner ses savates quand il se dirige vers la cafetière. Les premiers temps, vous trouviez ça charmant, presque émouvant. Vous adoriez ses petits défauts. Mais au fil des années, le tube de dentifrice pas rebouché, les caleçons en boule sous le lit, ce n'est plus possible.

Les projets d'avenir se font plus rares. Les rejetons, c'est fait, pas question de revenir là-dessus. L'appartement acheté en commun, c'est fait, sinon c'est presque trop tard.

Reste à changer le canapé ou la bibliothèque, ou à s'offrir -pour les plus fortunés- une bicoque pour les week-ends... Rien de très excitant, rien qui ait des allures de changement existentiel...

Voilà... Vingt ans ou trente ans que vous partagez la même salle de bains, que vous vous êtes vus mutuellement grossir, puis maigrir (mais sans jamais reperdre tout à fait ce que vous aviez pris). De ces bons bœufs en daube amoureusement concoctés à deux, il ne reste aujourd'hui qu'un vilain bourrelet... Avec votre vieux mari, vous avez également vécu la première dent de Maximilien, vos premiers cheveux blancs, les mauvais films du dimanche soir sur TF1, partagé les PV impayés, les remontrances de votre chef de bureau, les pique-niques ensablés sur la plage de la Grande-Motte, des nuits d'amour échevelées, des licenciements forcément injustes, un concert des Stones... La liste est longue comme un quart de siècle, ses bonheurs à la petite semaine et ses emmerdes quotidiens. Bref, une belle histoire d'amour.

Tout ça ne compte pas pour du beurre. Mais ça vous a un petit goût de rance. Surtout depuis que les enfants sont partis. Va falloir repenser votre vie. Et surtout votre couple.

La quinqua se sent belle et jeune, et fait tout pour le rester, mais cette ombre qui lui colle à la peau depuis si longtemps l'oblige à convenir que du temps est passé. Et que son coup de foudre a pris un coup de vieux.

Allez-vous poursuivre la route ensemble pendant encore trente ans ? Et si oui, pourquoi, comment ?

Onze raisons de le garder

1. Vous le connaissez par cœur

Pas de risque de vous faire retoquer un plat de choux de Bruxelles. Vous savez qu'il n'aime pas ça, sa mère vous l'avait dit. Vous ne faites donc pas de choux de Bruxelles.

Pas de risque de chercher partout un vase assez grand pour l'énorme bouquet de roses rouges qu'il vous apporte le jour de la Saint Valentin. Depuis toujours, votre vieux mari boycotte les fêtes commerciales, au nom de principes aussi flous qu'intangibles.

Pas de risque de vous afficher avec des racines de deux centimètres lors d'une sortie impromptue. Les surprises, ce n'est plus son truc depuis pas mal d'années... D'ailleurs le soir, il est fatigué. Ou y'a Liverpool-Everton sur la deux.

Pas de risque non plus de jouer à la bête à deux dos quatre fois par semaine. Et encore moins de frôler la sciatique en s'envoyant en l'air dans un ascenseur ou dans les cabines d'essayage des Galeries Lafayette.

2. Il vous connait par cœur

– Il ne vous fait pas subir l'humiliation d'avoir à changer place Vendôme un sautoir en or un peu juste. Il sait que vous n'aimez pas l'or, l'argent vous va tellement mieux !

– Il ne vous impose pas Noël ET Jour de l'an chez vos beaux-parents dans la Creuse. C'est un mois de gueule assuré.

– Il ne vous propose pas cinquante longueurs de piscine le dimanche matin. Vous avez marché bio.

– Il ne vient pas vous chercher à l'improviste au bureau. C'est une cause de divorce. Et ça tombe bien parce que justement Cyril s'est enfin décidé à vous offrir un verre.

– Il ne vous fait pas de choux de Bruxelles. Vous non plus vous n'aimez pas ça.

– Il ne vous appelle pas mon lapin bleu, mon sucre d'orge, ma colombe des îles, mon bébé d'amour, mon roudoudou chéri ou mon chouchou gazou. Ça vous mettrait les nerfs en pelote.

Et…

– Il vous laisse regarder Mad Men et vous pâmer devant Don Drapper.

– Il vous accompagne à votre prise de sang parce qu'il sait que vous avez peur.

– Il vous offre le dernier Paul Auster sans que vous ayez à le demander. Vous en avez trop envie.

– Il remarque que vous êtes allée chez le coiffeur, sinon ça fout en l'air le week-end.

– Il vous accompagne chez Habitat choisir un canapé. Vous aimez lui faire croire qu'il a son mot à dire.

– Il vous laisse dormir le soir. Et le matin.

3. C'est le père de vos enfants Et si vous n'avez pas procréé, tant pis. Trop tard pour avoir des regrets.

Ça simplifie les fêtes de famille

Soyez réalistes. Même si vos chérubins ont trente ans et un début de calvitie, vous avez quand même envie de fêter leurs anniversaires et Noël avec eux. Mais si vous êtes séparée de leur père, vous ferez quoi ? Les années paires vous aurez vos petits mignons, et les années impaires, ils seront pour lui ? Et l'année sans, qu'est-ce que vous faites ? Vous vous couchez à 21h15 avec *Voici* et un masque au concombre ?

C'est immuable

Évidemment cela vous agace de voir qu'en grandissant Martin a de plus en plus le caractère de son père et ce nez qui, c'est certain, ne peut pas venir de votre famille. Mais des années d'otites partagées, ça c'est du solide !

4. Vous ne voulez pas faire comme tout le monde

Autour de vous, les couples se sont délités comme un mauvais chandail mangé par les mites. Jean s'est fait gauler avec sa secrétaire, Stéphanie est tombée amoureuse d'un guitariste sévillan qui lui a promis paso doble et olé olé, Marie ne supportait plus les troubles bipolaires de Gérard… Tous, pour une raison ou une autre ont abandonné leur moitié en chemin. Et vous savez qu'ils n'ont pas toujours eu raison. Certains(es) s'en mordent même les doigts.

Et vous, vous êtes un peu fière quand même, au milieu de cette déliquescence, de tenir bon malgré les tempêtes et les coups de grisou. On vous montre en exemple. Un gage de réussite les Machin !

Trop facile de céder à la mode du zapping et du « *just do it* ». Et c'est tellement années 80 ! Par ces temps de crise, mieux vaut tenir que courir.

5. Vous avez peur de vous retrouver seule

Bien sûr, vous fanfaronnez et jurez à qui veut l'entendre que vivre seule ne vous poserait aucun problème, au contraire, vous en rêvez ! Mais en êtes-vous si sûre ? Quand il s'absente quelques jours, vous adorez ça. Impression d'une liberté retrouvée. Sentiment que l'appartement, la ville et la vie vous appartiennent. Un petit je ne sais quoi qui vous rappelle votre vie d'étudiante, l'écran plat en sus. Pourtant, vous ne faîtes rien de plus, peut-être même un peu moins.

Forcément, vous savez qu'il est là, qu'il va revenir. C'est pas du tout pareil. Cette solitude momentanée n'est source d'aucune crise existentielle, d'aucune remise en cause, d'aucune envie compulsive de Xanax ou de Sunday sauce caramel.

Demandez à vos copines qui ont franchi le pas. Elles vous diront, si elles ne sont pas trop fières et menteuses, que ce n'est pas la même chanson. Aux dîners chez leurs amis, elles sont « la femme seule ». Celle qui complique les plans de table. À qui il faut trouver un cavalier. C'est lourd ! Vous avez passé l'âge des rendez-vous arrangés. D'accord, ce n'est pas forcément un cauchemar. Mais est-ce un rêve ? Rappelez-vous que les amants, même de passage, sont moins faciles à trouver qu'un CDI à Pôle emploi. Et quand bien même vous arrivez à en dénicher un, ce n'est pas lui qui fera votre camomille aux Hespérides. L'idée de vieillir seule fait un peu peur, sauf à part quelques héroïnes du célibat.

6. Vous vous comprenez à mi-mots

« Tu as vu ? » vous suffit à repérer à la seconde ce qu'il a trouvé drôle ou surprenant dans la rue. Et que vous trouvez, vous aussi, drôle ou surprenant. D'un simple regard vous exprimez à l'autre votre envie de quitter une soirée, un sujet à ne pas aborder, l'urgence d'une paire de bottes qui vous fait de l'œil dans la vitrine.

Après autant de temps ensemble, la compréhension de votre moitié est immédiate. C'est rassurant d'avancer sur un chemin balisé par les années, de se dire que même si vous riez des mêmes choses ou presque et aimez les mêmes gens (mis à part sa chère amie Amélie, une vraie pétasse celle-là !). Un coup de mou, une angoisse, un stress montant, pas besoin de mots pour faire passer le message. À votre façon de gratouiller votre pouce gauche, il a compris.

7. C'est plus économique

Abandonner votre vieux mari fera considérablement diminuer votre train de vie. Et votre surface habitable possible. Taxes d'habitations et autres gâteries seront à votre seule discrétion. Et ne comptez pas sur une quelconque pension alimentaire, vos enfants sont trop grands. Sans trivialité aucune, parfois, le principe de réalité s'impose. Et puis vous aimez bien l'appartement conjugal où vous avez soigneusement rangé trente ans de livres, de photos, de souvenirs communs.

8. Vous ferez un beau couple de petits vieux

Qui n'a jamais croisé dans le métro une vieille dame aux cheveux blancs soigneusement coiffés, un brin de poudre de riz sur le visage, portant son âge avec élégance ? À ses côtés, le même, en homme. Il lui tient le bras, lui parle avec tendresse et courtoisie. Ils vont voir leurs petits-enfants, prendre un thé à une terrasse, ou s'accompagnent chez le médecin. Ils s'aiment, c'est une évidence. Qui ne s'est jamais dit, dans vingt ou trente ans, j'aimerais être comme eux ? Vous aussi vous pouvez connaître la sérénité d'une vie construite à deux et le moment où, l'âge aidant, ne reste plus que l'essentiel : être ensemble et heureux.

9. Pas question qu'il vous remplace par une autre !

Comme tout le monde vous avez songé à le revendre sur eBay ou à l'échanger contre une Saab décapotable. Et si ça marchait ? Si une créature aux mensurations indécentes s'emparait de votre vieux mari et qu'il aimait ça ? Cette seule idée commence déjà à réveiller la harpie qui sommeille en vous. Même s'il lui arrive de vous lasser, soyez honnêtes, la seule perspective qu'il puisse conter fleurette à Marguerite ou roucouler avec Paloma vous oblige à immédiatement évacuer la possibilité de s'en défaire. N'oubliez pas une donnée fondamentale : l'Homme déteste le vide. Tous les hommes, sans exception. Et L'Autre aura vite fait de restaurer le narcissisme de votre vieux mari que vous aviez légèrement écorné. Oubliée l'émotion du premier bon point de Martin, et en route pour chabadabada à Deauville ! Et vous qui pensiez quitter, vous retrouvez finalement abandonnée. Rien de mieux qu'une rivale pour mesurer son attachement.

10. C'est plus gratifiant

Depuis toutes petites, nous sommes programmées pour réussir. Réussir sa vie sociale, réussir sa vie professionnelle, réussir son couple et sa vie de famille. Aussi bien que la tarte aux pommes. Donc détruire ce que l'on a mis tant de temps à construire, n'est pas forcément très gratifiant. Cela peut avoir un goût de : « J'ai tout foutu en l'air, j'ai tout raté. Normal, je ne suis qu'une ratée ». Très mauvais plan. Mieux vaut admettre que la passion n'est pas éternelle, qu'elle se transforme. Accepter les lois de la biologie, l'amour est un processus chimique de courte durée. Sans compter qu'il est plus facile de s'accomoder d'une situation connue, même insatisfaisante, que de plonger dans l'inconnu.

11. Lui ou un autre...

Même si la quinqua envisage régulièrement de déposer son vieux mari à la SPVM (Société Protectrice des Vieux Maris), elle ne doit pas oublier que la vie est faite de cycles. Qu'adviendra-t-il quand elle aura piqué le mari de sa meilleure copine (non, mauvaise idée, cela ne se fait pas), quand elle aura trouvé, pense-t-elle, l'homme de ses rêves ? On le voit d'ici : toujours une saillie aux lèvres, le mot gentil, courtois, élégant, serviable. Peut-être beau aussi...Ça, c'est au début. La quinqua se sent renaître, elle perd 600 grammes et jette son masque au placenta à 200 euros tant son teint est frais et ses petites rides envolées. Mais après ? Avec lui aussi la routine va insidieusement s'installer. Arrivera fatalement le moment où il ne s'apercevra plus que vous avez un nouveau rouge à lèvres. Les mots doux se feront plus rares. Et il faudra à nouveau trouver un amoureux neuf qui durera le temps d'un brushing d'un bon faiseur. Pourquoi se compliquer la vie quand votre vieux mari est quand même très attachant.

Est-il recyclable ?

OUI

… si ses pattes d'oie vous rappellent les vôtres et que ses cheveux poivre et sel lui vont à merveille.

… s'il est le roi de la côte de bœuf au barbecue.

… si son pacemaker ne lui interdit pas de prendre l'avion et qu'il vous propose d'aller cueillir des fleurs à l'île Maurice au lieu de passer quinze jours chez maman. Toute autre destination est acceptable à condition qu'elle vous fasse plaisir.

… s'il vous montre que vous lui êtes indispensable.

… s'il ne se laisse pas aller dans l'intimité.

NON

… si vous ne supportez plus son eau de toilette et qu'il refuse d'en changer.

… s'il ne vous parle que de ses pilules contre le cholestérol et de ses triglycérides montées de deux points depuis la semaine passée. Encore moins s'il devient incontinent.

… si tous les samedis soir, il se colle devant le match. Ou, pire, devant Laurent Ruquier.

… s'il regarde des filles objectivement plus moches que vous.

… s'il ne vous soutient pas dans les moments critiques.

Comment le recycler ?

Ranimer la flamme

Voilà bien longtemps que vos ronflements mutuels vous font passer des nuits difficiles et mettent en berne votre désir. Et l'on imagine d'avance comment cela pourrait se passer, si cela se passait. Des préliminaires aussi vite expédiés qu'un rocher praliné, un petit coup vite fait et dodo.

Mettez un terme à ce cycle infernal ! L'extinction de la libido n'est pas une fatalité. Il suffit d'un peu d'imagination et de beaucoup de bonne volonté. On a rien sans rien !

D'abord, faire attention à soi. Être toujours épilée de près (y compris le maillot. On évite l'intégrale réservée à vos filles). Pas trop de rondeurs, mais juste ce qu'il faut où il faut. Votre homme, comme les autres, aime s'exhiber avec une anorexique croisée avec un lévrier afghan. Mais au lit, les formes à la Dolly Parton ne lui font pas peur. Nuisette en soie et/ou Chanel n°5, vous savez mieux que personne ce qui peut le détourner de ses mots croisés. N'ayez pas l'air d'une gagneuse à la petite semaine et montrez-lui que c'est lui et personne d'autre. Soyez charmante, faites-lui sentir que Brad Pitt à côté de lui ressemble à un koala émasculé, et que vous avez une chance folle d'être l'heureuse élue. D'être sa chose. Le féminisme on verra plus tard. L'Homme a besoin de se sentir aimé et admiré. Quant aux questions techniques, reportez-vous à vos souvenirs, à vos copines/copains ou aux manuels spécialisés.

Pour ranimer sa flamme, il faut aussi rompre le ronron. Chaumières, relais-châteaux, campings... il y en a pour toutes les bourses. Mais pourquoi pas une cabane dans les arbres, un hôtel de glace ou une yourte bretonne (plus facilement accessible que la Mongolie) ? Enregistrez sur votre iPod les chansons fétiches de votre rencontre et n'hésitez pas à user et à abuser des huiles essentielles aphrodisiaques, des ambiances suggestives. Nutella, crème chantilly en bombe et toutes autres douceurs sont également acceptées.

La première fois, cela peut le surprendre, voire l'effrayer un peu mais s'il ne craque pas, le cas est désespéré. Passez tout de suite au chapitre Jeune Amant.

Le louer pour une soirée

Le vieux mari a une valeur marchande incontestable surtout auprès de vos copines célibataires. Elles vous trouvent bien bégueule de faire la fine bouche. Profitez-en ! Louez-leur votre vieux mari. Il les accompagnera fort utilement à l'Opéra, à un dîner un peu barbant ou à toute autre mondanité où elles ne se sentent pas de s'afficher seules. Et ça fera prendre l'air à votre vieux mari qui n'en reviendra que de meilleure humeur.

Si parler d'argent avec vos amies vous met mal à l'aise vous pouvez également troquer quelques heures de votre compagnon contre cet ensemble en soie gratté qui vous va tellement bien ou le dernier it-bag.

Pour les cas désespérés

Le Jeune Amant (voir chapitre suivant).

Le Vieil Amant

D'accord, mais alors vraiment fortuné et de préférence

assez occupé. Le vieil amant, sexa ou plus -mais n'allons pas trop loin dans la gérontophilie- a lui aussi, ou a eu, une longue vie de couple. Il serait normal que, un peu de las de bobonne, il en pince pour vous. D'autant qu'à ses yeux vous êtes presque une jeunette. Mais n'oubliez pas qu'il est là pour vous faire les cadeaux les plus chers, vous emmener dans les meilleurs restaurants et qu'un petit week-end à Honolulu n'est pas à refuser. Foin de textos enamourés à tout bout de champ. Et pas question d'avoir le béguin pour lui ! Sinon, il vous faudra être à son chevet pour son opération de la prostate. Pour vous laisser un peu de champ libre, le vieil amant doit donc avoir un travail assez prenant ou être engagé pour cinq ans dans de lointaines compétitions de golf. Sinon, il devient vite aussi encombrant que celui que vous avez à la maison.

Dérivatifs non sexuels

De multiples possibilités s'offrent à la quinqua en couple pour fuir la monotonie d'une vie trop bien rodée. À vous de choisir la mieux adaptée à votre langueur.

– Déjeuner avec les copains-copines. Classique. Attention quand même, la nourriture grasse des restaurants aura vite fait de vous sauter aux hanches avec un bruit sourd.

– Suivre des cours de salsa, de yoga bikram ou d'*aqua cycling*. Ça défoule, fait le mollet svelte et surtout génère de l'endorphine, la molécule du bonheur qui, au dire des spécialistes, vaut les meilleures galipettes. À tester.

– Devenir bénévole aux Restos du cœur ou aux Orphelins d'Auteuil. Une bonne action n'a jamais fait de mal à personne.

– Parcourir le métro parisien avec Lorànt Deutsch sous le bras. C'est enrichissant et évite d'avoir la peau abîmée par le soleil.

– Apprendre le chinois, cela développe l'hémisphère droit du cerveau et détourne heureusement de la méditation transcendantale.

– Shopper, repeindre sa cuisine tous les mois, faire le plein d'échantillons et tester toutes les nouvelles crèmes de beauté, se mettre à la mosaïque, prendre des cours de bricolage chez Casto, essayer les bagues les plus chères, faire le tour du périph… Liste non exhaustive.

– Faire de la marche à bâtons dans le parc le plus proche avec votre vieux mari. De dos il est encore pas mal et vous avez toujours craqué sur son côté explorateur.

6.
Prendre un jeune amant

Un matin, la quinqua se réveille. Elle baille. La journée s'annonce morne, la vie toute entière triste et monotone comme une autoroute sous la pluie. Marre du boulot-lexo-dodo. Marre du compagnon de toujours dont elle connaît dans les moindres détails le petit bide, les poignées d'amour, les ronflements, l'hypocondrie et les problèmes de boulot. Il manque quelque chose dans sa vie. Quelqu'un. Un Homme Nouveau. Un Amoureux Rigolo. Dispo.

Le vieil amant a vécu, trop usé, désabusé, trop divorcé. La quinqua, tâtant ses cuisses encore fermes et ses fesses pas si molles (merci les cours de Powerplate) caresse le rêve d'un Amour Neuf. Elle a envie de flirt, de fougue, de folie, de fraîcheur. De caresser des muscles doux, de passer la main sur des abdos fermes. Ses congénères mâles, frappés de plein fouet par le démon de midi, se retournent sur des gazelles en short qui agitent leur chevelure ambrée en riant très fort ? Ils se remarient avec une gamine qui a deux ans de plus que leur fille ? Et moi, pense la quinqua tartinant sa biscotte sans sel de beurre allégé, je n'aurais plus droit aux émois de la chair amoureuse ? Je ne pourrais pas, moi aussi, conjurer la peur de la vieillitude ?

Entrée en scène du Jeune Amant. Dans la mythologie des magazines pipoles, le Jeune Amant fait figure d'accessoire de luxe pour quinquas *rich and famous* dotées d'un corps de sirène, d'un riad à Marrakech et/ou d'un appartement avec vue sur Manhattan. D'une notoriété, enfin, qui autorise toutes les extravagances et protège une vie sentimentale déviante. Bref, le Jeune Amant serait l'apanage de quelques *happy few* (Madonna, Demi Moore, Claire Chazal...) qui portent d'un bras leur sac Chanel, de l'autre un éphèbe au regard vide.

Dieu merci ! Comme le tennis, le caviar et les croisières sur le Nil, le Jeune Amant s'est terriblement démocratisé. Chacune, pour peu qu'elle y mette du sien, peut s'afficher avec un garçon de bonne compagnie qui fera baver ses copines et exaspérera ses copains. Il existe des jeunes amants pour toutes les bourses, et chacune en trouvera un adapté à son mode de vie.

Rappelons d'abord que contrairement aux idées reçues, le Jeune Amant n'est pas un objet, mais un individu de sexe mâle âgé grosso modo de 25 à 40 ans (plus jeune, c'est du vice, plus vieux, c'est pas du jeu). De préférence beau gosse, mais pas toujours, le J.A. présente avant tout l'avantage d'être jeune. Notons que tous les J.A. ne sont pas des mannequins bodybuildés. Certains se contentent d'être très drôles, très cultivés, ou très imaginatifs sous une couette.

L'important, c'est que la quinqua s'éclate avec lui. Qu'elle s'amuse, prenne du plaisir, fasse la nique au temps qui passe et s'imagine quelque instant héroïne de roman.

Ça va mal tourner ? Plus dure sera la chute ? On verra bien. La quinqua a appris à profiter des instants qui se présentent.

Avantages et inconvénients du Jeune Amant

LES AVANTAGES :

– Le J.A. est narcissiquement valorisant. La preuve vivante que l'on plaît encore, que l'on sait toujours séduire, et pas que des vieux schnocks à la prostate déficiente. On exhibe son J.A. comme un trophée, conquis grâce à ce charme mature, ce sourire qui plisse des petites rides au coin des yeux et cette vivacité pleine d'esprit qui font le sel, le poivre et le piment de la femme dans la force de l'âge. Le J.A. est un joli miroir, dans lequel se contemple l'amazone épanouie : je plais à ce jeune homme qui pourrait en désirer de plus jeunes et plus belles que moi. Bénéfices secondaires : les copines sont épatées, et les vieux potes vous regardent d'un œil nouveau. Jaloux ?

– Le J.A. est un formidable antidépresseur. Il vous booste la sérotonine mieux que n'importe quel Prozac, et réveille la libido la plus terne. L'énergie revient. Le matin, on ne baille plus d'ennui mais d'épuisement, après une nuit torride. Pourtant, on a le visage moins fatigué au réveil, on dirait que les rides se lissent de contentement. On se sent pousser des ailes, on ressort son vieux Levi's dans lequel, ô miracle !, on entre à nouveau… On va avec entrain à son cours de Powerplate… C'est normal, le J.A. vous trouve belle. Il bande pour vous.

– Le J.A. n'a pas besoin de Viagra. À vingt-huit ans, le vigoureux garçon ignore le recours à la médecine allopathique. Un regard, un effleurement, un baiser, et hop, c'est parti. Cette vigueur un peu primaire est bienfaisante, elle rassure. Ça change de Pervers Pépère à qui il faut une foultitude de cachets, d'accessoires et de mises en scène compliquées pour manifester sa virilité. Fini le vieil amant qui exigeait de vous des talents de geisha, de danseuse du ventre et d'exégète du Kama-Sutra pour parvenir à une trop brève (ou interminable ?) fusion des corps. Le J.A. vous prend comme vous êtes. Et c'est déjà pas mal.

– Le J.A. remplace avantageusement un chirurgien esthétique. Grâce à lui, inutile d'investir dans des travaux de réfection aussi coûteux que douloureux. Le J.A. trouve vos sillons nasogéniens charmants et vos rides du lion adorables. Il vénère votre petit ventre rond, vos seins un peu lourds. À ses yeux, vous incarnez la Vraie Femme, loin des pré-pubères anorexiques aux cuisses creuses et au visage de poupée triste qui font rêver vos petits camarades andropausés. Pas besoin de botox : votre sourire épanoui vous donne dix ans de moins. Adieu scalpel, seringues menaçantes et autres interventions d'urgence aux effets aléatoires. Vous cassez votre plan épargne lifting et vous partez en voyage. Avec votre beau gosse.

– **Le J.A. est une revanche.** Revanche sur la vie qui file si vite, et sur tous ces vieux crétins qui ont décrété que vous avez dépassé la date limite de consommation. Votre chef qui vous appelle madame en matant la petite stagiaire. Votre ex qui vous interpelle affectueusement d'un « ma vieille », et le père de vos enfants qui vous demande si vous avez bien gardé tous les papiers, pour vos points-retraite. Sans parler des pseudo-copines qui vous détaillent, pleines de bienveillance : « T'as l'air fatigué », « Tu n'as pas un peu grossi ? », « Tu devrais arrêter la teinture auburn, ça te durcit ». Eh bien elle les emmerde tous, la quinqua. Dans dix minutes, elle a rendez-vous avec son amoureux pour qui expérience ne rime pas sénescence.

– **Le J.A. ne se réduit pas à la fonction assez limitée de toy-boy** : il peut rendre un tas de services. Plutôt manuel ? Il changera les petites ampoules encastrées dans le plafond, repeindra la salle de bains et colmatera la fuite du lavabo. Outre qu'un homme torse nu sur un escabeau peut être terriblement sexy, il vous fait réaliser de substantielles économies. Plus technicien ? Il sera capable de reparamétrer votre ordinateur et d'en nettoyer le disque dur, ou de vous ouvrir une page Facebook. N'hésitez pas à solliciter chez votre J.A. d'autres compétences que strictement sexuelles. Il ne demande pas mieux que de se rendre utile.

Les inconvénients :

– **Le J.A. n'est pas rassurant.** Vous vivez dans la crainte. Aujourd'hui, il vous aime, vous désire, mais demain ? Telle une épée de Damoclès la menace plane : un jour, il vous quittera. Il en rencontrera une autre, c'est écrit. Vous êtes de passage dans sa vie, qu'il ne fera pas avec vous. Son regard s'attarde sur une jolie fille ? Vous blêmissez. Il veut faire l'amour au grand jour, dans la lumière crue d'un soleil méditerranéen ? Vous refusez, exercice trop cruel pour votre vieille peau. Et si le J.A. ouvrait les yeux sur la réalité toute nue ? La peau flétrissante des genoux, les vergetures sur les hanches, les petits bourrelets au-dessus de la ceinture... Alors vous baissez les stores, vous jouez à cache-cache. Surtout, ne pas s'attacher : un jour, le J.A. partira.

– **Le J.A. vous donne des allures de cougar.** Et ce n'est pas un mot joli-joli, cougar. Ça évoque tout de suite la bimbo anglo-saxonne sans âge, tous artifices pulpeux dehors, bouche de canard en avant, lacérant de sa french-manucure le torse glabre d'un surfeur californien qui pourrait être son fils. Vous ne vous reconnaissez pas dans cette description ? Vous et lui, c'est une Vraie Histoire ? Peut-être. Mais on n'ôtera pas de la tête de votre entourage que vous êtes une femme mûre qui se tape un petit jeune.

– Le J.A. exige une santé de fer. Avec lui, c'est tout votre biorythme qui se trouve bouleversé. Fini les soirées tisane-Dr House-je me démaquille et vais me coucher. Vous devez répondre aux sollicitations impulsives de votre étalon fougueux. Vous tenir prête pour des soirées qui s'achèvent à l'aube après avoir fumé des tarpés, refait le monde avec J.A. et ses potes. J.A. vous entraîne à la séance de 22h20, a envie d'une andouillette-frites en sortant du ciné. Il ne s'endormira pas avant quelques câlins musclés, et une proposition qui ne se refuse pas : tu viens courir avec moi, demain matin ? Ça te fera du bien, un petit jogging... Vous êtes sur les rotules. Vous crachez vos poumons. Et vous avez raté j'sais pas combien d'épisodes de Dr House.

– Le J.A. entraîne des coûts. Attention ! On ne dit pas que votre J.A. est un gigolo. Vous n'êtes pas obligée de payer le resto, le ciné, le teuchi et ses costards Paul Smith. D'ailleurs, l'autre jour, c'est lui qui a offert la tournée de demis-pression. Mais il y a tous les frais collatéraux entraînés par cette liaison enivrante : vous claquez un fric fou en teintures chez le coiffeur (il faut planquer ces vilaines racines), en masque au collagène de baleine blanche et aux algues de la mer Rouge chez l'esthéticienne (il faut se remettre de la nuit courte), en abonnement au Gym Club (il faut raffermir les abdos). Sans parler du renouvellement de votre garde-robe, J.A. vous préfère en jeans ou alors, carrément, le look bourge-chic, tu vois ? Bref, le J.A. est un investissement sur le court terme. Quand il ne vous met pas dans le rouge...

– Le J.A. est décevant à l'usage. Vous pensiez avoir trouvé le frais compagnon prêt à enchanter la renaissance qui jaillit en vous ? Vous vous réjouissiez d'avoir enfin rencontré un petit camarade du même âge mental que vous (17 ans et demi, grosso modo) ? Mauvaise pioche : le J.A. n'est pas si jeune, finalement. Très vite, il arrête les virées nocturnes et préfère se coucher tôt : demain, il a un stage d'informatique. Il vous demande des conseils pour ouvrir un PEL : il aimerait bien devenir propriétaire. Il revend sa moto pour s'acheter une Clio et s'interroge : va-t-il voter Sarkozy ? Un jour enfin, il vous avoue : c'est en petite robe noire et escarpins qu'il vous préfère. Il faut vous rendre à l'évidence : dans sa tête, le J.A. est un quasi-quinqua. Et vous qui vous sentez si jeune…

Où le rencontrer ?

Quelques spots privilégiés pour trouver un Jeune Amant… Liste non exhaustive !

– Dans une fête de votre fils. Ok, vous voulez bien prêter votre appart' à Grégoire pour la teuf de ses vingt-quatre ans, mais vous êtes aussi invitée ! Après avoir distingué les filles des garçons, les homos des hétéros et les maqués des célibataires, vous vous plantez souriante dans votre petite robe noire, un verre à la main. Au prochain slow, vous invitez le grand brun taciturne qui s'emmerde dans son coin. Vous faites honte à Grégoire ? On s'en fout.

– **Dans le métro.** De préférence sur les lignes desservant les quartiers sensibles et les banlieues fragiles. Assise sur un strapontin, vous croisez les jambes et dépliez un plan. C'est trop bête, vous avez oublié vos lunettes... tournez-vous vers votre voisin, ne vous laissez pas impressionner par son visage basané dissimulé sous une capuche. Vous l'interpellez : olà, bel autochtone ! Pourriez-vous m'indiquer à quelle station descendre pour visiter les souks du 9-3 ?

– **Sur une plage de Djerba.** Ou d'ailleurs. L'important, c'est d'être loin, au sud, au soleil. Vous vous baladez seule, ou avec des copines. Un gazou aux yeux de velours et aux dents d'opale fonce bientôt sur la blanche gazelle. Quelle aubaine ! Vous cherchiez justement un guide pour faire un peu de tourisme...

– **À une terrasse de café.** Lunettes noires sur le nez, vous matez les passants qui marchent rapidement sans un regard. Vous vous plongez dans la lecture de Pariscope, mais aller voir quoi ? Vous hélez le jeune serveur. Vous hésitez entre la salade du chef et le croque provençal, pourrait-il vous conseiller ? Il plaisante, vous offre du feu, et que voulez-vous boire ? Un verre de bordeaux ? Il recommande le saint-émilion, une amitié se noue. Proposez-lui enfin de vous accompagner au cinéma : vous terminez à quelle heure ?

– **À la piscine.** Le garçon plonge, bel arc tendu vers l'eau. Vous assise sur le bord, agitant mollement les pieds dans le bassin, admirez l'épaule large, la fesse cambrée, la jambe galbée. Pour attirer son attention, vous poussez des petits cris, l'éclaboussez, vous excusez, l'eau est froide, non ? Attendez qu'il lève ses lunettes de nageur pour vous assurer qu'il a de beaux yeux. Et jetez-vous à l'eau.

– **Au boulot.** Cap sur le stagiaire, ou votre frais collaborateur. Insistez pour qu'il vous tutoie et vous appelle par votre prénom. Présentez-le à l'équipe en lui posant la main sur l'épaule. Invitez-le à la cantine. Et trouvez une raison béton pour vous retrouver seule avec lui dans les bureaux, après 19h.

Comment le choisir ?

– Âgé d'au moins dix ans de moins que vous. Quinze ans de différence est une bonne moyenne. Afin de ne pas tomber dans un schéma incestueux, on évitera de taper dans le créneau moins de vingt-cinq ans. À moins d'être douée d'une vocation d'initiatrice…

– Sexy et bien fait de sa personne. Viscontien, latin lover, wasp, métèque… chacune optera pour le style qui lui va le mieux au teint. Mais dans tous les cas, le J.A. doit faire envie. N'oublions pas qu'une des fonctions du J.A. est d'agacer follement votre entourage, ami(e)s, ex, et tous ceux qui s'emmerdent dans l'existence.

– Ni chômeur, ni rachitique. Le J.A. doit subvenir à ses besoins. Vous n'êtes pas Pôle emploi, pas les Restos du cœur non plus.

– Avec des papiers en règle. Sinon, comment savoir si le plagiste de Djerba vous conte fleurette pour vos beaux yeux, ou parce qu'il rêve d'un exil européen ? Aux amateuses de lovers typés, rappelons que les contrées septentrionales regorgent de jeunes gens charmants, prêts à tout pour changer d'horizon.

– Avec de la conversation. On a passé l'âge de jouer la nymphomane écervelée. Les ébats torrides seulement ponctués de commentaires sur l'action, qui se concluent d'un « on se revoit quand ? » sont vite ennuyeux. On recommandera le cinéphile, incollable sur la vie et l'œuvre de Stanley Kubrick, le rugbyman capable de vous expliquer les règles du jeu à treize, le fin lettré qui vous initie au polar américain… le J.A. doit aussi contribuer à votre culture générale.

****

À éviter

– Le couvrir de cadeaux. Même s'il est chômeur et sans papiers. Même s'il vous a fait découvrir le septième ciel à cinquante-deux ans et demi. C'est mauvais pour son ego, et pour le vôtre. Le J.A. n'est pas un gigolo, on ne le rappellera jamais assez.

– L'appeler mon bébé. C'est vrai qu'il a la peau douce et une charmante fossette sur la joue gauche, mais inutile d'insister. On évitera aussi de lui talquer les fesses, de l'habiller et de le nourrir à la cuillère. À moins que vous ne soyez tombée sur un J.A.P. (Jeune Amant Pervers).

– Lui rappeler régulièrement votre âge. Il s'en fout un peu, le J.A., que vous ayez cinquante-deux et demi, il n'y pensait même plus… alors pourquoi convoquer avec insistance le principe de réalité ? Pourquoi encore évoquer mai 68 –« t'étais pas né mon petit chou »- la guerre Stones-Beatles et les temps

moyenâgeux où l'on écrivait sur une machine à écrire et où le mobile n'existait pas ? Il sera toujours assez tôt pour qu'il le réalise, que vous avez cinquante-trois ans.
– Tomber amoureuse. Un jour le J.A. vous lassera, ou il partira. Alors avant de sombrer dans une passion violente et son cocktail de T.S au Lexomil et de dépression éthylique, souvenez-vous de ce principe de base : le J.A. est là pour enchanter votre vie, pas pour la pourrir.

****

Comment rompre avec un J.A. ?

Tout dépend du contexte. Il a vingt-cinq ans et une gueule d'ange ? Dites-lui que le gap générationnel entre vous est trop large, que vous ne vous sentez pas à la hauteur et que vous avez envie de regarder Dr House. Il s'en remettra très vite. Il a quitté pour vous sa plage d'Essaouira, cherche un petit boulot au black et tente de vous revendre du teuchi pour s'acheter des clopes ? Assurez-lui que vous voulez arrêter de fumer, que vos frères vous empêchent de sortir après 19h et que votre mari refuse que vous répondiez au téléphone. Pour vous donner bonne conscience, présentez-le à un ami très gay : avec un peu de chance, votre J.A. septentrional ne finira pas à la rue. C'est un *geek* doublé d'un menuisier hors-pair ? Attendez qu'il ait fini d'installer le nouveau logiciel sur votre ordi et qu'il ait terminé la penderie dans votre chambre. Puis jurez-lui que vous n'avez qu'un souhait : rester amie avec lui. Pour la vie.

Dans tous les cas, débrouillez-vous pour être celle qui quitte, celle qui part, celle qui rompt. À cinquante-deux ans et demi, on n'a plus l'énergie de se faire larguer, et c'est la tête haute, sans regrets ni remords, que l'on sait mettre fin à une *love affair* sans issue. Soyez élégante, assurez votre futur ex J.A. qu'il est le meilleur coup que vous ayez rencontré, qu'il a illuminé votre existence comme personne et que vous ne l'oublierez jamais. Au besoin, mentez : vous avez rencontré quelqu'un d'autre, un type très vieux et très riche qui veut vous épouser. Ne pleurez pas, ne vous retournez pas. De toute façon, on vous avait prévenue : un J.A., c'est pas fait pour durer. C'est un accessoire qui se démode très vite, le J.A.. Mais protestez-vous, c'est un vrai *big love* avec lui, l'homme de votre vie... Alors oubliez ce chapitre : il n'est plus question d'âge entre vous.

7.
Devenir chaste

Le vieux mari s'est barré –à moins que vous ne l'ayez jeté ? –, le jeune amant est reparti vers de nouvelles aventures. Vous voilà seule. Couette désertée, chair morose, cœur en berne… Que faire ? Réchauffer de vieux plans *bed and breakfast ?* Activer les réseaux dormants ? Draguer sur Internet ? S'envoler vers Saint-Domingue en quête de bras accueillants ? Attendre qu'une amie compatissante vous présente un vieux pote, tu verras, il est très sympa, t'as rien contre les chauves au RSA ?

Pas très folichon. Et puis, avez-vous tant que ça envie de remettre le couvert ?… Se manifeste comme une légère lassitude. Assez des fugaces copulations sans lendemain, des liaisons névrosantes, des coups de cœur et des coups de mou. Des emballements et des déceptions. Vous aspirez à souffler, à cocooner, à choyer la petite fille qui sommeille en vous. Vous mettre hors jeu, le temps de retrouver l'élan amoureux. Faire un break.

La tendance est à la non-consommation, à la quête de l'essentiel, au retour aux vraies valeurs, à la recherche du spirituel ? Au refus d'une marchandisation des corps et des âmes par le Grand Capital Sans Frontières ? Choisissez votre camp. Soyez tendance, indignez-vous ! Devenez chaste ! C'est très chic, la chasteté, très snob, réservée à une élite avertie en ces temps ravagés par l'hyper-sexualisation où chacune –mère de famille, agricultrice, éphémère vedette de télé réalité– est sommée de se transformer en actrice porno zélatrice des gang-bangs, et de brandir sa carte de membre (!) d'une boîte à partouze sous peine d'être taxée de ménagère de plus de cinquante ans peine-à-jouir.

Oui, chaste. Un drôle de mot pour vous, gamines de 68, qui avez biberonné à la libération sexuelle, pris la pilule à quinze ans et lu Reich à dix-sept ? Un mot qui vous évoque Mère Térésa, Sainte-Thérèse de Lisieux et votre vieille tante qui n'a jamais connu le loup ? Un mot qui sent l'aigreur, la cornette blanche et le renfermé ? Pas si vite.

La « chaste-attitude » d'aujourd'hui n'a rien à voir avec la tristesse de la chair et le refus du plaisir. Libido, morne plaine ? Non ! On peut être chaste et épanouie, chaste et gaie, chaste et jouisseuse. La chasteté volontaire est à la chasteté subie ce qu'un poème est à une dissertation de philo en section S. Ce qu'un piercing dans le nombril est à une burqa. Un clin d'œil, une insolence…

Et puis l'avantage de la chasteté, c'est qu'on peut y mettre fin quand on veut. Ce n'est ni un mariage religieux, ni un CDI. Il est bien plus facile de rompre avec elle qu'avec un amant gluant.

Chasteté, mode d'emploi

– On saute le pas d'un seul coup, un soir de cafard ou d'ivresse. N'essayez pas d'arrêter le sexe progressivement : ça ne marche pas, on repique très vite. Faites preuve de volonté, notez votre décision sur des post-it que vous collez partout, prévenez votre entourage : non merci, je ne baise plus. Résistez à la tentation de la dernière nuit d'amour avec Jean-Paul, du dernier câlin avec Firmin. Patchez-vous, sucez des pastilles Vichy, ce sont les premières semaines les plus difficiles.

– On se bouge. Fini les parties de jambes en l'air ? On dirige ailleurs son énergie. On s'inscrit dans un club de gym. On va trois fois par semaine à la piscine, on se met au vélo… Double bénéfice : c'est bon de se dépenser, et l'on se sculpte un corps de déesse.

– On adopte un chaton, un chien ou un hamster. Si on n'aime pas les animaux, on reporte son affection sur un yucca, une paire de Louboutin ou sa collection de sacs à main. Quelque chose d'agréable à toucher, à caresser. On marraine un ado pré-délinquant qui vit avec six frères et sœurs dans un F2. L'important, c'est de trouver un objet d'amour, d'investir les trésors de tendresse que vous portez en vous.

– On supprime de son répertoire les copines folles du cul qui consomment du mâle comme d'autres des magnums vanille-pistache enrobés de noix de pécan. On zappe leurs récits interminables, lorsqu'elles vous narrent par le menu - deux heures trois-quarts montre en main - leurs nuits torrides, leurs derniers exploits et leurs prochains plans câlins. On arrête la fréquentation de couples amoureux qui se tripotent compulsivement comme s'ils ne s'étaient pas vus depuis douze ans et mélangent leurs salives en public. On se protège.

– On assume sans honte. Dans les dîners, on affirme que le sexe c'est ringard, l'orgasme dérisoire et la réputation millénaire du coït terriblement surfaite. Quant aux sexologues, rien que de nuisibles imposteurs. On proclame que l'on ne s'est jamais si bien portée que depuis qu'on a arrêté. On revendique son abstinence, on rayonne. On fait envie à toutes ces pauvres filles qui chassent désespérément l'âme sœur et se jettent sur le seul type libre de la soirée comme un gamin somalien sur un colis de survie.

– On s'occupe de soi, on se bichonne. On n'arrête pas de s'épiler, de se masser aux huiles essentielles et de porter de la jolie lingerie sous prétexte que nul aujourd'hui ne vous déshabille. On s'attache à être désirable pour le plaisir des compliments désintéressés. On se fait jolie, pour soi, pour le gardien de l'immeuble, pour le chef du service informatique, pour son poisson rouge. Pour tous ceux que l'on croise. On met du rouge à lèvres et on sourit.

– On se cultive. On se passionne pour les arts, les lettres et les sciences. L'abstinence amoureuse libère beaucoup de temps : fini les échanges de SMS, de mails, les prises de tête, les rendez-vous compliqués à caler… L'emploi du temps s'allège, on est libre de faire un tas de trucs. Passer des soirées dans des expos et des nuits dans des bouquins. Se remettre à l'espagnol. On s'éclate à apprendre, on découvre qu'on a un point G dans le cerveau en se plongeant dans « À la recherche du temps perdu ». Proust, ça, c'était un mec !

– On privilégie les joies de l'amitié, on explore de nouveaux territoires sentimentaux. On fait des projets de voyage avec des ami(e)s très gai(e)s. On entretient des amours virtuels, le prof de yoga, le collègue de la machine à café, le joli serveur de la brasserie du coin. On ne passe plus à l'acte mais on ne s'interdit pas de fantasmer, on cultive l'état amoureux. En attendant plus, si affinités…

****

Abstinence ou semi-chasteté ?

On recense deux écoles de la chasteté. Celle, la plus puriste sinon puritaine de l'abstinence totale. Et celle, plus moderne, de la semi-chasteté. L'abstinence totale requiert une grande capacité à sublimer ses pulsions et une force d'âme relevant quasiment du mysticisme. Pas de plaisir solitaire, pas de câlin à quelqu'un qu'on aime bien (soi-même), pas de relecture d'une main de l'œuvre de Sade. Par ailleurs, tout contact physique avec autrui, susceptible d'évoquer même furtivement l'acte sexuel, est strictement proscrit. Réservé aux grandes créatrices qui investissent toute leur libido dans leur œuvre, aux grandes névrosées qui redoutent de vivre dans le péché, et aux grandes paresseuses que la seule idée de jouir épuise déjà.

Plus souple, mieux adapté au mode de vie contemporain, le régime de semi-chasteté autorise l'onanisme sous réserve qu'il ne devienne pas une activité compulsive sapant toute vie sociale et professionnelle. Les contacts physiques avec l'autre sexe sont non seulement permis mais encouragés. Seul le coït est proscrit. Vous avez le droit de passer votre bras sous celui d'un ami cher, de faire une bise sur la bouche à un vieux pote, voire de rouler une pelle en fin de soirée à l'ex (chaste) de Jean-Sébastien. Recommandé aux grandes sensuelles dont le seuil de tolérance à la frustration frôle le plancher, à celles qui bossent dans le show-biz ou dans la com et à toutes les femmes que leur vie active contraint à fréquenter le monde.

****

À éviter

– Compenser frénétiquement. Satisfaire ses pulsions orales de manière boulimique et désordonnée. Augmenter sa consommation de tabac et d'alcool. Bouffer comme un chancre à toute heure de la journée, sous prétexte qu'on ressent un grand vide.

– Surinvestir dans le boulot, faire des heures sup, travailler le week-end, se trimbaler d'une réunion à l'autre, les yeux cernés, son BlackBerry dans la main et ses dossiers sous le bras. À moins que vous ne soyez (chastement !) amoureuse de votre boss.

– Craquer à la première occasion. Le plombier venu pour une fuite dans la salle d'eau qui vous propose la botte, un ex inquiet de votre équilibre qui insiste pour vous dépanner, un coup d'un soir qui croise votre chemin… Toutes tentations auxquelles il faut savoir résister. Soyez forte. Attrapez votre sac de sport et courrez faire des abdos. Puis offrez-vous un verre, pour vous féliciter.

– Sublimer ses désirs sexuels dans des activités aussi vaines que solitaires : le tricotage au point mousse d'écharpes qu'on ne portera jamais, l'apprentissage du macramé à l'association du quartier, le repassage sur l'envers de TOUS ses gants de toilette, le ménage à fond du salon ou le nettoyage des vitres. Si vous avez besoin de vous occuper les mains, bricolez-vous un sex-toy bio en kit ou confectionnez une tarte. À déguster entre ami(e)s.

– Vivre comme une huître dans sa coquille. S'avachir en robe de chambre devant *Dr House* ou *Grey's anatomy* en suçant son pouce. Ou en engloutissant des cônes vanille-fraise sans ôter le papier d'emballage. Décliner l'invitation au cinéma de Jean-Sébastien, sous prétexte que vous détestez les films lituaniens et que Jean-Sébastien est un vieux pédé. Ce n'est pas en vous fermant au monde que vous allez découvrir de nouveaux territoires amoureux.

– Fréquenter des chastes ratées. Aigries. Qui ne matent plus les hommes, tous des enfoirés, persécutent leur ex pour obtenir une revalorisation de leur pension alimentaire, gazouillent avec leur chat comme avec un bébé, consacrent leur week-end à passer l'aspirateur en bouffant des Nicoquit… Attention aux aigreurs d'estomac !

– Tomber amoureuse d'un homme impossible. Le mari de votre amie Bertille, l'ex de Jean-Sébastien qui n'a jamais touché une femme, votre psy chéri qui n'est passionné que par votre inconscient. Chaste, oui, mais pas maso.

– Draguer virtuellement des beaufs virtuels sur des sites de rencontres : c'est terriblement commun, et vous risquez de tomber sur des chastes de sexe mâle qui ne s'intéressent qu'aux gamines coquines (30 ans max. 95 C mini.)

****

Doudou ou sex-toy ?

Tout dépend de la période que vous traversez. Un peu déprimée, toujours en deuil de l'irremplaçable Firmin qui vous a quittée pour une assistante pétasse qui ne porte pas de culotte ? Résolue, après bien des excès, à entamer une cure d'abstinence totale qui ne s'achèvera qu'au printemps ? Optez pour le doudou. Ressortez votre vieil ours en peluche auquel il manque un œil et qui dégage cette aigrelette odeur d'enfance. Vous n'avez pas de vieil ours ? Baptisez doudou n'importe quel objet transitionnel qui vous tombe sous la main : la souris en fausse fourrure avec laquelle votre chat refuse de jouer (il préfère les vraies), la peluche moche que votre petite dernière a rapportée de la fête de l'école… On déconseillera le vieux tee-shirt de Firmin encore imprégné de son odeur mâle (flippant et pas hygiénique) ou le vieux plaid de votre grand-mère (trop encombrant à transporter).

Votre cure d'abstinence totale est terminée, vous êtes dotée d'un tempérament de feu, vous détestez faire de la gym et vous venez –en plus– d'arrêter de fumer ? Foncez sur un sex-toy, accessoire indispensable pour traverser une période de semi-chas-

teté. N'hésitez pas à consulter un spécialiste qui vous aidera à choisir l'engin approprié. Décoratif ou fonctionnel ? Avec ou sans piles ? Évoquant un animal ou, tout bêtement, une bite ? Là encore, tout est question de goût. Et de budget. Les plus sentimentales baptiseront d'un petit nom leur pousse-à-jouir : lapinou, sucre d'orge, P'ti Marcel… Mais attention à ne pas trop s'attacher à son sex-toy, au risque de le transformer en doudou. Il y a un temps pour tout.

****

Repiquer : quand, pourquoi et comment ?

Les périodes de chasteté sont de longueurs variables, mais tous les spécialistes s'accordent à reconnaître qu'elles sont de peu de bénéfice à moins de trois mois d'abstinence. Il faut le temps de se refaire une santé, de partir à Marrakech avec Jean-Sébastien, d'amortir le forfait de son club de gym, de tenir la chronique nostalgique de ses amours défuntes avec Firmin. Le temps de faire le point. De ressentir le manque, l'étreinte du vide sous sa couette solitaire, le temps de ne plus pouvoir encadrer son hamster et de balancer son doudou par la fenêtre. Le temps que les piles de Lapinou se déchargent. Le temps de prendre des cuites avec ses copines et de faire la liste de ses ex en leur donnant une note. Le temps de lire le premier tome de « La Recherche ». De se demander avant de trouver le sommeil : jusqu'à quand tiendrai-je et pour qui craquerai-je ? Quel sera le séduisant hidalgo qui m'arrachera aux bras de la solitude ?

Un jour, on craquera. On craque. Première hypothèse : adieu promesse, résolutions, l'odeur du mâle est devenue lancinante, on ne pense qu'à ça et on se jette sur l'épaule confortable et les abdos rassurants du premier qui passe. Au risque de rater de quelques points son brevet de chaste accomplie.

Deuxième hypothèse : l'amant parti est revenu. On le fait un peu poireauter, on exige des excuses et le mariage puis on succombe. Ce chapitre n'est plus pour vous.

Troisième hypothèse : LA rencontre. On ne l'attendait plus, elle vous tombe dessus. L'homme ne ressemble pas vraiment à ce qu'on imaginait, mais c'est lui, on le reconnaît. On ne se précipite pas, on le laisse faire sa cour. On se donne du temps. On ne brade pas sa chasteté, on rompt ses vœux quand on est sûre de son coup.

Pour en finir avec la chasteté...

Doit-on trouver le *big love* avant de mettre un terme à l'abstinence ?

Bref, faut-il tomber amoureuse pour se remettre à copuler ? Oui, vous diront les puristes, les idéalistes qui, à cinquante-six ans et demi, attendent toujours le Prince Charmant comme d'autres le Messie. Si l'exigence est louable sur le plan moral, elle s'avère souvent difficilement praticable. Statistiquement, le *big love* est rare, c'est ce qui en fait son prix. Alors, attendre comme à la Loterie que le bon numéro sorte ? Tomber enfin sur *the right guy ?* Ou se contenter, très pragmatiquement, d'un bon coup amical, d'un *toy boy* de passage, d'une liaison sans lendemain ? Chacune en décidera en son âme et conscience, en fonction de son histoire amoureuse et de ses désirs, après avoir consulté son psy ou son prof de yoga. On conseillera cependant à la chaste en rupture de ban souhaitant renouer avec la pratique ancestrale du coït de ne pas remettre le couvert à la va comme je te pousse. Faites que l'amant vous plaise, même pour une seule nuit, qu'il vous semble beau et bon. Choisissez-le compréhensif et expérimenté, informez-le que vous ne savez plus très bien à quoi ressemble une bite, et à quoi ça sert. Prenez le temps d'un moment agréable. Tout pour que votre cure de chasteté ne s'achève pas sur une baise ratée.

8.
Organiser une soirée de filles

À 15 ans, les filles se retrouvent entre elles le samedi soir pour parler garçons, acné, vernis à ongles et mascara. À 30, on passe au stade plans de carrière, biberons et couches culottes, sans oublier les hommes : ceux avec qui l'on vit ou ceux dont on a envie… À 50, ces soucis de la vie quotidienne sont derrière. Fini de se maquiller comme une voiture volée, les enfants sont partis ou sur le départ, et pour les plans de carrière, pardon, mais c'est un peu tard. Quant aux hommes, ils peuvent rester un souci. Parce qu'on en a un ou parce qu'on en a pas.

La valeur sûre, ce sont les amies. Certaines, vous les connaissez depuis quarante ans. Vous vous êtes fâchées quinze fois parce que vous ou elle n'a pas rappelé l'autre assez vite, ou avez pris vos distances pour cause d'incompatibilité d'humeur avec l'amoureux du moment de votre vielle pote (à moins que ce ne soit elle qui ne supporte pas Gérard ?) Mais une chose est sûre : en cas de coups durs, elles sont là. Et elles assurent. Toujours prêtes à parcourir 500 kilomètres pour vous apporter une boîte de mouchoirs ou faire la fête.

Il y a également celles rencontrées depuis moins longtemps, des parents d'amis de vos enfants, des relations de boulot, du club de gym, des amies d'amies… Vous avez vécu moins de choses ensemble mais avec elles aussi vous avez cette complicité, comme une quasi reconnaissance génétique. Vous êtes du même bord. Solidaires. Contrairement à Vincent ou Paulo, elles ne vous ont pas préféré Véronique, de quinze ans de moins que vous. L'avantage de l'amitié est qu'elle n'est pas exclusive et que même si vous prenez un peu des cuisses, cela ne change rien. Ce n'est pas pour autant qu'on ne ressent pas parfois des pointes de jalousie, un peu de rivalité… On est des filles, après tout ! Qui n'a jamais été agacée par Léonie qu'un sac de pommes de terre habille, ou par Pénélope qui, après trente ans de mariage, roucoule toujours avec Jean-René comme au premier jour ? Mais tout ça est fugitif. Dans le fond, les relations résistent et les amies sont toujours là. Et, en tête-à-tête ou en bande, vous avez toujours plaisir à les voir, toujours besoin de parler de choses fondamentales. Votre couleur capillaire ratée, vos relations conflictuelles avec votre fille Augustine, le dernier livre que vous avez lu et le prochain film que vous allez raté. Bref, se retrouver entre copines est aussi important qu'un rayon de soleil en hiver. Mais à cinquante ans, un dîner de filles ne peut pas ressembler aux soirées pyjamas de notre enfance. On n'organise pas ces rencontres au sommet avec n'importe qui, n'importe comment, ni n'importe où.

Qui inviter ?

Le dîner de filles est très ouvert. Jeunes, moins jeunes, plus âgées, toutes peuvent être conviées. C'est même beaucoup plus sympathique de mélanger les générations. Ça rajeunit les unes et apprend la vie aux autres. Pas question non plus de classes sociales ou de milieux culturels. La mère de Claudine était pâtissière de mariage et le père de Clémentine le bras droit du Président ? On s'en fout ! À éviter cependant pour que la conversation ne tourne en boucle : les réunions corporatistes. S'il faut se taper toute la soirée les différents modes de salaison des saucisses ou l'avis de chacune sur toutes les expositions du moment, cela peut tourner au fiasco. Ce n'est pas parce que le dîner de filles ne répond pas aux conventions traditionnelles que l'on peut se permettre n'importe quoi !

On marie en revanche célibataires et femmes « casées » (à condition bien sûr qu'elles viennent seules), agitées du bocal et plus réservées. Le dîner de filles aime les contrastes et se doit d'être ouvert. Les amies d'amies sont les bienvenues (sauf cas limites : cf « Qui ne pas inviter »).

Ne pas oublier un élément essentiel du dîner de filles réussi : la langue de pute. Une langue de pute drôle, pas celle qui a acquis ce haut grade à force d'aigreur et de méchanceté. Mais gaffe à ce que vous direz devant elle. Tout sera rapporté, déformé et amplifié.

Invitées à privilégier en priorité : celles dont on n'aime pas le jules. C'est un excellent moyen de ne pas vous fâcher avec elles. Et l'occasion en or pour les voir en toute décontraction sans devoir faire semblant que vous n'avez jamais connu plus drôle que Germain, dont les blagues à deux balles vous tapent sur le système.

Quelques spécimens peuvent aussi être intéressants à convier. Comme Mélanie, célibataire endurcie, qui cherche sur le net homme tendre avec un petit bidou pour moments câlins à deux, voire pour l'accompagner à la foire de Chatou. Elle aura forcément des choses amusantes à raconter. Beaucoup plus drôle que Sophie qui fait la même chose mais pour trouver le compagnon de ses vieux jours. Ça peut faire rire comme tourner au pathétique.

Problème, que faire si Marie-Charlotte et Marie-Louise ne se supportent pas ? On les invite quand même ensemble ? Tout dépend. Si elles doivent vous plomber la soirée, évitez. Si, au contraire, vous sentez qu'elles vont faire genre « on est les meilleures amies du monde », cela peut pimenter la chose. Mais une coupe de champagne ne vient pas à bout d'une haine trop tenace. Surtout si Marie-Charlotte a piqué le mec de Marie-Louise. Ou l'inverse, on ne sait plus... Là, rien à faire.

Enfin, soyez magnanimes. Si Véronique a raté sa coupe et/ou sa couleur, une sortie ne peut lui faire que du bien. Suggérez-lui un joli foulard pour cacher le massacre. Et pour qu'elle évite d'en faire le sujet principal de la soirée. Idem pour Coralie qui a pris une jolie teinte rouge vif depuis son peeling au phénol un brin agressif. Mais pour elle, le fond de teint est déconseillé. Faut qu'elle assume.

Qui ne pas inviter ?

Nonobstant votre charité chrétienne, admettez que certains éléments, pourtant sympathiques et bien attentionnés, peuvent mettre en danger le plus formidable des dîners de filles.

Se méfier par exemple de celles qui se retrouvent dans une situation inédite pour elles (mais pas toujours pour les autres). Elles voudront forcément vous faire partager leurs nouvelles aventures, peut-être même de façon monomaniaque. Prenons l'exemple de la jeune grand-mère. Rien ne vous sera épargné. « Ma petite-fille ressemble tellement à ma fille au même âge »... La mauvaise éducation que lui inculque déjà son gendre, décidément un bon à rien. Et puis, il ne faut pas qu'elle se couche trop tard, elle doit emmener la petite à la crèche demain. Tant mieux. Qu'elle reste chez elle.

La fraîchement en couple, surtout quand elle cherche depuis dix ans sa moitié d'orange (même avariée), peut également être vite saoulante si elle consacre la soirée à vous décrire par le menu les multiples qualités de Raymond qui, si ça trouve, ne passera pas l'été.

Fuir aussi l'égocentrique-narcisso-nombrilique. Une soirée de filles est faite pour échanger, partager, rire, pas une réunion à la gloire et à la dévotion de Nathalie. D'autant qu'elle a une voix vraiment exaspérante ! Si elle est son seul centre d'intérêt, lui conseiller un psy.

Que faire avec la voisine du 5e seule avec son fils ? Bien sûr, elle vous fait un peu de peine, elle est assez isolée. D'autant que Séraphin, eu sur le tard, est encore jeune : elle ne peut pas trop sortir, les baby-sitter coûtent cher… Oubliez de l'inviter. Sinon, vous prenez des risques : plus un week-end sans qu'elle ne vous demande si vous pouvez garder le petit le temps qu'elle aille « faire trois courses », ou qu'elle ne vous propose de monter boire un verre, elle a un conseil à vous demander. La convier à votre dîner de filles lui ferait croire qu'elle est devenue une amie. Vous êtes foutue.

Et comment faire -sans être politiquement incorrecte- avec Sylvie et Valérie, vos amies homosexuelles ? Certes, ce sont des filles et vos amies. Mais elles forment quand même un couple. Or, le principe du dîner de filles est de s'affranchir de toute nuisance liée au train-train quotidien. De plus, comme ce sont des filles, elles ont beaucoup moins de gêne à se faire des scènes de ménage en public. Ce serait dommage de subir ça…

Vous ferez aussi utilement l'impasse sur Amélie qui ne parle que stock-options, Isabelle qui se plaint toujours de ne pas trouver les rideaux qui iraient bien dans son pied-à-terre de Trouville et Marjorie que vous n'avez jamais entendu rire de votre vie.

Qui vous ne pouvez pas ne pas inviter ?

Vous n'en rêviez pas pour votre soirée mais il y a des cas de force majeur. Elle n'était déjà pas très drôle avant, toujours un pet de travers, jamais vraiment contente, râlant pour un rien. Mais depuis que Cléo a perdu son boulot, cela ne s'est pas arrangé. C'est même carrément la grosse déprime. Certes, son mari, artiste-peintre, a réussi à vendre une toile en juin dernier, mais les fins de mois risquent de ne pas être roses. Et qu'est-ce qu'elle va faire toute la journée ? Nettoyer les pinceaux ? Soyez sympa. Invitez-la. Surveillez tout de même sa dose d'alcool. Cela ne fait pas bon ménage avec les antidépresseurs.

Pareil pour Clémence. Son mari est parti avec Michel, elle ne s'en remet pas. Faut dire que c'est moche. Et personne ne l'avait vu venir… Depuis, elle n'adresse plus la parole à aucun homme. Ça tombe bien, c'est une soirée de filles. Vous êtes obligée d'inviter Clémence.

Et Monica ? Avoir un fils qui fume pétard sur pétard au lieu de réviser son bac ne doit pas être facile tous les jours. Mais l'avantage, c'est que toutes les substances euphorisantes font peur à Monica. Elle ne vous coûtera pas cher en mojitos.

Que manger ?

Tout, ou presque, est permis du moment que l'ambiance est conviviale. Évitez le restaurant : ça coûte cher et vous ne pourrez pas danser sur la table si l'envie vous en prend. Mieux vaut réunir vos amies chez vous ou chez Clémence, qui possède des canapés à damner un chihuahua. Et qui dit convivialité, dit bouffe. Mais pas question de se taper seule tout le boulot ! Le dîner de filles se fait ensemble.

Chacune selon ses compétences et son caractère... Épisode d'ailleurs très révélateur de la personnalité de chacune ! Il y a celle perpétuellement au régime. Trois rondelles de concombre nappées de yaourt à 0% fera son bonheur, sauf si elle a déjà mangé un grain de raisin à midi. Une rondelle peut lui rester sur l'estomac. Miss saucisson ne l'entend pas de cette oreille ? À elle, la rosette. Tant pis pour Leïla, musulmane pratiquante : elle se rabattra sur les feuilletés au fromage. Véronique, elle, revient d'Inde. Curry assuré dans les lentilles. Simone, c'est simple, ne connaît même pas le temps de cuisson d'un œuf à la coque. Elle fera la petite main. Vrai repas à table ou zakouskis à grignoter tout au long de la soirée, à vous de choisir. L'idée est de se faire plaisir.

Mais ne demandez pas le vin à la radine de la bande, vous allez vous retrouver avec une « Petite Récolte » Nicolas. Passé 30 ans, ce n'est plus possible. L'accro au champagne bio s'en chargera, sinon les cocktails font toujours bon effet. Vous êtes plutôt *Desperate Housewives* ou *Ally Mac Beal* ? Optez pour une base de Martini. Vous êtes plus *Absolutly Fabulous ?* Alors tout et n'importe quoi vous est ouvert. Champagne en priorité bien sûr, mais du moment que ça se boit... De toutes façons, ce soir vous pouvez vous lâcher, personne ne vous le reprochera. Sauf, peut-être, Gérard, qui vous attend à la maison en faisant la gueule devant la télé.

Soirée « à thème » ?

Plusieurs options s'offrent à vous. La soirée « libre » où vous avez juste -mais c'est déjà beaucoup- le plaisir de vous retrouver entre vous, ou la soirée « à thème ».

Très en vogue ces derniers temps, la réunion sex toys qui a avantageusement remplacée la réunion Tupperware. Peut-être parce que Sonia Rykiel a retiré depuis des lustres ces vilaines boîtes en plastique de ses collections... Au début, il peut y avoir des gloussements un peu gênés façon collégienne. Puis, le gode doublé cachemire peut entraîner des conversations plus intimes. Et cela arrondira les fins de mois de la copine qui a trouvé ce bon plan.

Tout aussi distrayante, la soirée voyance. Pas besoin d'avoir parmi vos connaissances une cartomancienne ridée. Sur le net, on trouve toutes les clefs pour ce genre d'exercice. Tarot, boule, marc de café... peu importe le support, il suffit d'avoir quelques amies un peu crédules ou juste angoissées par l'avenir.

Libre à vous d'adapter la soirée à vos centres d'intérêt du moment. Vos sillons nasogéniens vous évoquent le grand Canyon ? Invitez votre amie médecin et va pour la soirée botox. Une petite injection entre deux coupes n'a jamais fait de mal à personne. Les Américaines raffolent de ce genre de plan.

Envie de changer de coiffure ? Vous pouvez acheter quelques perruques bon marché pour voir si le carré

Louise Brooks met plus en valeur vos yeux que celui de Mireille Mathieu. Ou, encore mieux, le morphing sur internet qui permet de changer de tête à loisir, tout en ayant les précieux conseils de vos copines. Et sans prendre aucun risque. Profitez-en pour voir ce que vous donneriez avec des fesses rebondies à la Pipa, ou gonflée d'un 95 E.

Mais n'ayez aucune inquiétude, même sans thème prédéfini ni motif majeur, la soirée se passera bien. Pas besoin d'avoir à fêter le divorce de Camille ou les grosses indemnités de Vanessa, pour vous retrouver entre vous. À condition d'éviter certains écueils.

****

À éviter

– La nuit en boîte. On risque de se voir refuser l'accès du lieu branché du moment et de se retrouver au Roi du tango avec boule à facettes.

– La soirée Chippendales. Vous n'avez vraiment pas besoin d'un bodybuildé qui se trémousse vulgairement devant vous pour alimenter vos fantasmes.

– Les cours de pole dance chers au strip-teaseuses. Il faut arriver à lever la jambe assez haut pour se lover autour de la barre et difficile de trouver un appartement équipé. Il vous faudrait demander asile à la caserne de pompiers la plus proche.

– La soirée pyjama. Réservée au moins de douze ans. Et ce n'est pas parce qu'on est entre copines qu'il ne faut pas être sexy. Si vous tenez à un mot d'ordre rassembleur, préférez la « robe décolletée impérative » ou « moulée dans un jean ».

– Les cours de cuisine. Pas féminin du tout.

– Le rendez-vous au Mac Do. Ronny, le clown, est très sympa, mais c'est un homme.

Pas plus que la soirée ciné, la soirée visite du zoo, la soirée kermesse de la paroisse, la soirée costumée, la soirée Excel pour les nulles, la soirée épilation géante, la soirée « tu ne bois pas, tu as un gage », la soirée vérité, la soirée bain de minuit dans la Seine, la soirée coups de fil anonymes, la soirée lesbos…

****

De quoi on parle ?

Inutile de réviser des sujets de conversation. Même si vous n'êtes pas les pipelettes que certains prétendent, vous trouverez bien de quoi causer. Les premières minutes peuvent être un peu formelles, mais très vite, vous rentrerez dans le vrai. Car les dîners de filles se résument à des conversations d'ordre premier. Quel que soit le sujet. Le nouveau régime à la mode, le déclassement de la note de la France, l'élection présidentielle, le blush effet soleil incroyable mais vrai, les twit de Nikos Aliagas, la ceinture abdominale de François Hollande, le dernier livre de Douglas Kennedy, la veste Kookaï tellement rose… Vous pouvez parler de tout. Ce sera toujours avec conviction et sincérité. Vous serez même étonnée de voir comment une conversation a priori banale peut rapidement prendre une tournure très personnelle. Les femmes entre elles ont cette capacité à aller à l'essentiel en partant du superflu. Elles sont vite dans l'intime, dans le plaisir de partager et la volonté de comprendre. Fringue, politique ou sexe, c'est pareil. Le dîner de filles établit par principe l'abolition de l'inhibition. Comme si vous aviez déjà bu un verre de vodka avant d'arriver. Ne vous étonnez donc pas que Justine vous raconte en termes on ne peut plus réalistes sa nuit avec François. Les femmes ne s'embarrassent pas de tabous, sinon à quoi bon parler ?

****

Pourquoi c'est bien ?

1. Si c'est vous qui recevez, vous invitez qui vous voulez, sans avoir à vous encombrer de pièces rapportées.
2. Cela change des dîners de couple plus conformistes.
3. Entre copines, c'est la foire aux bons plans : épilation des sourcils au fil chez les Indiens, déstockage Zara, pistes de boulot, hammam gratuit…
4. Vous pouvez prendre un jeune homme pour faire le service.
5. Vous êtes dans la légèreté, la simplicité. Pas la peine de faire genre.
6. Vous n'êtes pas obligée de faire un concours d'élégance.
7. Vous pouvez enfin boire et manger sans coup d'œil réprobateur.
8. Les hommes ne comprennent pas pourquoi ils sont exclus.
9. Vous vous faites de nouvelles copines.
10. À deux grammes du matin, vous avez refait le monde.

****

9.
Survivre à une fête

Crise financière, chute des bourses, baisse de la libido… Les temps sont durs et la quinqua est molle. Son univers se rétrécit dangereusement : on cocoone seule ou à deux, on prend un verre à trois ou on dîne à quatre, entre copines ou en couple. Pas de quoi ébouriffer un quotidien qui sent le refermé. Et si on faisait la fête ? Oui, la fête, la teuf, comme à l'époque où vous n'aviez pas encore divorcé de Firmin, aidé Benjamin à passer son bac et rencontré Gérard.

Comme à l'époque où vous vous trémoussiez jusqu'à l'aube dans des robes à paillettes trop décolletées et des escarpins trop petits, tout en mélangeant alcools variés et substances diverses. Sans trop vous préoccuper de la gueule de bois du lendemain. Sans trop savoir qui allait vous raccompagner ni avec qui vous dormiriez.

C'était le bon temps ? Il ne tient qu'à vous de le réactualiser ! Stop la nostalgie ! Vous craignez de vous la jouer « d'jeun » pathétique ? De ne plus savoir tourner un rock sans essoufflement ? Un peu d'allant que diable ! Faire la fête n'est pas seulement une activité échevelée désormais réservée à vos enfants. Vous aussi, « retour d'âge » ou pas, vous avez le droit de picoler jusqu'au lever du jour, de valser dans des bras inconnus, de terminer la nuit pieds nus, de faire des rencontres sans lendemain, bref, de vous éclater.

Mais attention ! On ne fait pas la teuf à cinquante ans comme à vingt. Instruite par l'expérience, on ménage sa monture. On est devenue exigeante : on recherche la bonne compagnie, les buffets garnis, les cadres exquis. On veut du champagne toute la nuit, des cavaliers charmants, des pompes confortables et des banquettes pour poser ses fesses. On a envie de raffinement, pas de paquets de chips et de packs de Kro.

Ne reste plus qu'à se faire inviter, ou à trouver le bon prétexte pour organiser une surboum dans vos quarante mètres carrés. Ne reste qu'à se préparer pour le Grand Soir sans rien laisser au hasard…

10 bonnes raisons de faire la fête

1. C'est le Réveillon. Banal ? Pas tant que ça ! Voilà plusieurs années que vous plantez vos soirées du 31 décembre. L'an dernier, vous étiez seule avec un polar et une bouteille de crémant (Firmin venait de vous quitter). Il y a deux ans, vous aviez réveillonné avec vos vieux parents (vous ne pouviez pas les laisser tomber). Et il y a trois ans, vous aviez dîné dans un resto sinistre avec les Duchemol qui s'engueulaient : Benjamin avait réquisitionné votre appart pour se déchirer la tronche avec ses potes. Alors cette année, vous vous offrez un vrai réveillon. Avec des amis gais, du champagne frais et des huîtres à gogo.

2. Paloma a cinquante ans. Faut fêter ça ! D'autant que Paloma vient de quitter son mari et de perdre son emploi. Elle a invité tout le monde, copines, amis, ex, copains d'amis… Paloma est exubérante et courageuse. Tout s'est très bien passé, sauf à la fin : vers 3h du mat, Paloma s'est écroulée. Il a fallu la consoler et l'aider à ranger.

3. Jean-Sébastien et René se sont pacsés. Vous n'avez pas d'opinion tranchée sur l'union homosexuelle mais vous êtes heureuse de voir un couple heureux. Jean-Séb a si longtemps traîné sa solitude comme un boulet ! Rappelez-vous cette époque où, célibataires l'un et l'autre, vous passiez la soirée à boire du vin blanc en vous lamentant sur votre isolement. Là, c'est bien : en voilà un de casé, et René est adorable. Il vous a invité à danser le premier slow.

4. Delphine a quarante ans. Vous êtes fière d'avoir été invitée : théoriquement c'est une fête de quadras, mais vous, ce n'est pas pareil, vous êtes tellement jeune d'esprit ! (dixit Delphine). Autour de minuit, vous rassurez Delphine que cet anniversaire fait flipper : t'es un bébé ma chérie, t'as pas une ride ! Elle vous pompe un peu l'air, Delphine, on ne va pas la plaindre d'être quadragénaire !

5. Anatole a soixante ans. Il a toujours une pêche d'enfer malgré son début d'arthrose, ses trois mariages et ses problèmes érectiles. Certes, le rock que vous avez dansé avec lui n'était pas inoubliable, mais on se demande qui était le plus essoufflé des deux… C'était sympa, surtout quand il a sorti sa carte senior pour faire des lignes de coke.

6. Gérard et vous célébrez vos dix ans de vie commune. Le problème, ça a été de lancer les invitations : trop de couples ? On va s'emmerder. Les amis célibataires ? Ils vont prendre ça comme une provoc. Les enfants de votre famille recomposée ? Ils vont s'emmerder. Finalement, vous avez invité tout le monde. Gérard a eu la délicatesse de draguer toutes les filles seules de la soirée.

7. Bertille publie son premier roman. Vous ne l'avez pas (encore) lu, mais vous l'assurez que vous avez adoré. Bertille est si fragile… Et puis la pauvre, elle n'a plus que l'écriture dans la vie, depuis que son ex a obtenu la garde de leur fils.

8. Jean-Marc divorce. Bonne nouvelle : personne ne pouvait encadrer sa femme, une fausse blonde glaciale et castratrice. On se demande comment Jean-Marc a pu la supporter douze ans, on le félicite. À la fin de la soirée, vous dites à Jean-Marc qu'il va enfin pouvoir vivre libre et heureux. Et vous lui roulez une pelle. On voit que ce n'est pas vous qui aller raquer la pension alimentaire.

9. C'est un soir d'élection. Le candidat des Forces du Progrès et de la Liberté est élu Président de la République. Pour fêter ce renouveau de la démocratie, ce vent d'air frais qui balaie les caciques et les caduques, vous faites péter le champagne. Séraphine se met à danser comme une folle, Gérard en larmes dit que ça lui rappelle le 10 mai 81, Benjamin demande : c'est quoi, le 10 mai 81 ? Seul Rémi fait la tronche, il a voté pour le candidat de la Réaction et du Grand Capital.

10. On fait la fête pour faire la fête, comme ça. Parce qu'il fait froid dehors. Parce que les jours rallongent. Parce que vous avez touché votre treizième mois ou votre prime de participation. Parce que vous avez envie de boire du champ' et d'étrenner de nouveaux escarpins achetés sur eBay. Ou tout bêtement parce que vous êtes de bonne humeur.

Se préparer pour le Grand Soir

Faire la fête ne s'improvise pas. Autour de la cinquantaine, on ne se lance plus à corps perdu dans des festivités débridées sans s'être astreinte à un sérieux programme de préparation.

1. Préparation physique : un plan de sept jours

J-7 : entamez une cure de magnésium, de vitamine C et de gelée royale pour renforcer vos défenses naturelles.

J- 6 : démarrez la journée par une demi-heure de gym (étirements, abdos, vélo d'appartement...) ou mieux encore, jogging. Et ce, chaque matin jusqu'au jour J. Un bon souffle et des articulations déliées seront nécessaires pour tenir jusqu'au bout de la nuit.

J-5 : commencez à imaginer votre tenue de soirée. Vous ne rentrez plus dans votre petite robe noire et vous n'avez pas un sou pour vous offrir une fringue sympa ? Improvisez. Un jean, des escarpins, un top emprunté à votre fille Valentine, un collier brillant comme une guirlande... L'important, c'est de se sentir à l'aise tout en restant sexy. Vous avez passé l'âge de vous déguiser en danseuse du Crazy et de souffrir le martyre dans des pompes trop justes.

J-4 : débutez un régime. Bouillons bio, infusions, légumes à la vapeur, Badoit à tous les repas... Purifiez, éliminez les méchantes toxines. Le teint frais, la culpabilité allégée, vous pourrez ainsi vous livrer à tous les excès le jour J. Avec un peu de chance, vous pourrez même remettre votre petite robe noire...

J-3 : prenez un jour off et traquez le poil, enjolivez votre auburn terne, chassez la racine, soignez vos mains et vos ongles... Aucun détail ne doit être oublié.

J-2 : annulez votre soirée resto-ciné avec Rémi et restez chez vous à vous détendre en écoutant de la musique saharienne. Ou à vous trémousser sur de la techno : depuis le temps que vous n'avez plus dansé, un peu d'entraînement ne fait pas de mal...

J-1 : à titre préventif, appliquez autour des yeux un masque au bleuet anticernes et anti-poches (en couche épaisse). Débranchez le téléphone et couchez-vous tôt.

2. Préparation mentale :

– Autant que possible, glissez dans la conversation que samedi, vous allez à une fête. Surprendre une lueur d'envie –d'admiration ?– dans les yeux de vos interlocuteurs ne fera qu'accroître votre joie d'être invitée.

– Évitez de vous engueuler avec Gérard (ça brouille le teint) parce que ce rabat-joie n'a pas envie d'aller à cette fête. Restez zen. Proposez plutôt à Jean-Sébastien de vous accompagner : il danse très bien et boit peu. Il pourra vous ramener.

– Revêtez votre habit de lumière et bougez en rythme devant votre miroir. Pas d'inquiétude : vous êtes encore capable de danser un slow. C'est rassurant.

– Évitez de vous demander si Patrick, un vieux coup foireux que vous aviez jeté sans élégance, ou Estelle, l'ex de Gérard qui n'a jamais pu vous saquer, seront là. Décidez de les saluer si vous les croisez, et de passer votre chemin. Ce ne sont pas deux ou trois fâcheux inopportuns qui vont pourrir votre soirée.

– Si vous sortez seule, pas de panique. Détendez-vous et préparez votre plus joli sourire : vous trouverez sûrement sur place de sympathiques camarades de bringue qui ne demanderont pas mieux que de vous intégrer à leur bande.

C'est le Grand Soir : conseils tactiques

– On fait une arrivée de star, on embrasse tout le monde, on salue à la ronde et on attrape d'emblée une coupe. Pas de dos rond et de petit sourire timide.

– On ne se colle pas contre le buffet pour s'empiffrer sans grâce. Mais on n'oublie pas non plus de manger : pas question de se retrouver à moitié saoule dès le début de la soirée.

– On repère très vite les bons danseurs, les types qui bougent bien sur le *dance floor*. Et on les rejoint. Tant pis si Gérard fait la gueule, ce n'est pas de votre faute si Monsieur est infoutu d'aligner trois pas sur une piste.

– On boit un verre d'eau de temps en temps. Ça hydrate et ça nettoie.

– On ne se déchausse que si l'on a des pieds impeccables, soignés, pédicurés. Sinon, on garde ses escarpins toute la nuit et on souffre en silence.

– Si un garçon engage la conversation, on ne baisse pas la tête bêtement pour cacher que l'on est cramoisie et décoiffée. On assume ses joues roses, son début d'ivresse et ses propos incohérents. Le garçon n'est d'ailleurs pas très frais, lui non plus.

– On n'hésite pas à attraper les garçons par la main pour les inviter à danser. Mis à part Gérard, ils n'attendent que ça.

– On a l'air d'une chic fille, solidaire et généreuse. On prête son cavalier aux copines. On incite Jean-Sébastien à inviter Estelle à un slow.

****

À éviter

– Renverser un verre de rouge sur la robe d'Estelle : c'est aussi maladroit que mesquin.

– Faire la tête dans un coin parce que Gérard discute depuis une demi-heure avec cette grande brune à la voix chaude.

– Se bourrer la gueule comme un soudard. Ce n'est plus de votre âge, même si vous vous sentez seule et triste dans cette foule joyeuse.

– Entamer un strip-tease sur la piste, sous prétexte que vous ne vous êtes jamais autant éclatée. L'alcool n'excuse pas tout : ça aussi, ce n'est plus de votre âge.

– S'enfermer dans la salle de bains avec Nicolas qui « en a de la bonne ». Il y en a qui ont envie de se laver les mains !

– Tenir un colloque dans la salle de bains avec un garçon pour faire plus ample connaissance. À cinquante-deux ans et demi, est-ce vraiment fun de s'envoyer en l'air dans une baignoire inconnue ?

****

Lendemains de fête : chasser la déprime

Les meilleures choses ayant une fin, il a fallu rentrer se coucher. Le retour n'a pas été facile : quand on n'a pas galéré deux heures, ses chaussures à la main, avant de trouver un taxi, on a dû raccompagner Estelle sur l'insistance de Gérard… À moins que ce ne soit Jean-Séb qui ayant perdu ses clefs de voiture, a piqué une crise tandis que Paloma passait sa chambre au peigne fin pour les retrouver.

Vous êtes finalement repartie avec Nicolas qui ne tenait pas droit, et a tenté de vous embrasser dans la voiture. Mais bon, enfin, vous avez retrouvé votre lit. Vous vous jetez dessus sans vous démaquiller et tombez dans un sommeil éthylique. Le réveil risque d'être difficile et la journée du lendemain, comateuse. Quelques trucs pour ne pas transformer en cauchemar un lendemain de fête.

On ne traîne pas au lit toute la journée, avachie devant une série télé. On se lève, on avale deux doliprane et un citrate de bétaïne, et on file sous la douche. On termine par un jet d'eau froide sur le sommet du crâne. Gérard déjà debout -il s'est couché tôt-, ira chercher les croissants.

On réveille sans ménagement l'homme inconnu – Nicolas ? Grégoire ? – assoupi sous la couette. On ne sait plus très bien comment il est arrivé là, mais on sait très bien pourquoi il doit partir : on a envie de rester seule et de se refaire une santé. D'autant que cette saison, on a décidé de ne pas tomber amoureuse.

On se tartine de masque régénérant et on va courir. À petits trots. Et tant pis si nausée et migraine menacent !

On vide son sac et on trie les numéros de téléphone glanés au cours de la soirée. Augustin ? C'est qui déjà ? Ah oui, le beau gosse prétentieux qui frappait à la porte quand on était enfermés dans la salle de bains avec Nicolas… Véronique ? Ah si, la petite rousse versée dans la sophrologie qui a tenu la jambe à Jean-Sébastien toute la soirée… Et ça, 06 10… Illisible. On ne se souvient plus. On fait des petits tas. À conserver. Au panier. Rappeler peut-être. Oublier.

On appelle Anatole pour le remercier : super ta soirée, j'ai adoré ! On propose mollement de passer pour l'aider à ranger. Mais Estelle est déjà sur place. Tant mieux.

On décide d'aller au ciné avec les enfants. Mais eux aussi avaient une teuf, hier soir. À 16 heures, ils dorment encore. Alors on va seule au ciné.

On fait le ménage, on range, on a la pêche. Certes, le bruit de l'aspirateur n'arrange pas le mal de tête, mais on ressent comme un coup de jeune. La fatigue n'entame pas l'envie de renouveau. Et si vous rappeliez Nicolas pour lui proposer un ciné ? Mais Nicolas ne répond pas. À son répondeur, vous dites : merci de m'avoir raccompagnée, très sympa, cette fête m'a fait un bien fou… Histoire à suivre ?

10.
Imaginer l'avenir

Le monde appartient à ceux qui ont plus de projets que de souvenirs. Il est temps de faire le point. Où en êtes-vous ? Dans le renoncement ou l'énergie ? Toujours pêchue ou ravagée par les regrets ? Dans le désir ou l'accablement ? Regardez-vous l'avenir droit dans les yeux ou avez-vous attrapé un torticolis à force de vous retourner sur votre passé ?

À cinquante ans, on a la vie que l'on mérite. Celle que l'on s'est faite. Il en va de même pour les années à venir. Mais c'est maintenant, à cet âge charnière entre jeunesse et vieillesse, que vous élaborez la troisième mi-temps. Que voulez-vous pour l'avenir ? Quelle vieille dame souhaitez-vous devenir ?

Les plus folles décideront d'avoir cinquante ans pour la vie. D'arrêter la pendule. Les autres reliront ce livre depuis le début. Espérons qu'elles y trouveront quelques idées pour ne pas se décourager et aller joyeusement de l'avant…

Bon, si on faisait le bilan ? Si on écrivait noir sur blanc ce qu'on a planté et réussi ? Et, surtout, si l'on traçait des perspectives ?

État des lieux

Que s'est-il passé pendant ce demi-siècle ? Comment avez-vous su affronter les petits soucis de la vie ? Quelles ont été vos forces et vos faiblesses ?

Côté boulot

Vous avez suivi une trajectoire de conquérante et bouffé tous les chefs les uns après les autres ? Votre salaire fait pâlir d'envie *Pretty woman* et vous régnez sur une cohorte de subalternes ? Vous bossez comme une folle mais vous adorez ça ? Alors, continuez ! Ou pas. Vous pouvez aussi décider de tout envoyer bouler pour vivre au grand air avec Raoul qui se la joue cool.

Votre parcours professionnel a été moins exemplaire ? Vous vous retrouvez en fin de droits, membre à part entière du club des seniors sans boulot ? Pas trop tard pour créer votre emploi. Vous avez toujours voulu faire rougir les tomates ? Va pour le maraîchage en Bretagne. Vous pensez que l'avenir est dans la plomberie ? Vos fins de mois sont assurées, vous aurez un succès fou ! Vous pouvez aussi vous lancer dans le roman érotique, la mercerie en ligne, le coaching pour quinquas désespérées... À moins que vous ne préfériez jouer les Robinson avec Simon qui, lui aussi, s'est fait lourder de sa boîte...

Côté amours

Après pas mal de hauts et beaucoup de bas, vous vous retrouvez seule. Firmin, Sébastien et Séraphin en ont eu leur claque et vous aussi. Ne vous désespérez pas. Plein de jeunes et de moins jeunes loups sont à l'affût. On peut très bien trouver le grand amour à soixante-dix ans et l'épouser. Même en robe blanche si on y tient. À vous alors les joies de la famille recomposée avec une belle-fille qui sera peut-être déjà grand-mère.

Malgré les mauvais jours, vous avez tenu bon avec Léon ? Mais résisterez-vous encore trente ans ? Cela vous inquiète ? Rien ne vous empêche de divorcer à soixante-dix ans ! Mais n'oubliez pas de faire une fête !

Côté enfants

Vous avez encore une couvée d'ados à la maison ? Ils ne demandent que deux choses : que vous leur foutiez la paix et leur prépariez la becquée. Restez zen, mais ne devenez pas sacrificielle.

Ils envisagent de quitter le nid ? De mère, vous passez au statut de caution. Et, avec un peu chance, une fois par semaine, ils vous apporteront leur linge sale à laver. Ne regrettez pas le temps où vous régissiez leur vie tout en les couvrant de baisers alors que désormais vous avez interdiction d'approcher à moins d'un mètre. Grâce à vous, ils sont devenus des adultes avec lesquels vous pouvez avoir des conversations qui ne sont plus limitées à un « C'est bon… Tu doses… » un peu las. Vous ne les voyez pas assez à votre goût ? N'oubliez pas que, vous aussi, vous avez un avenir à préparer.

Vous n'avez pas eu d'enfants ? Trop tard pour avoir des regrets. Rabattez-vous sur ceux des autres si vraiment vous êtes en manque ou bichonnez la petite fille qui est toujours en vous.

Côté amitiés

Vous avez conservé vos vieux potes de maternelle ? Une ou deux engueulades par ci par là, mais ils répondent toujours présents pour aller au ciné ou au resto ? Réjouissez-vous. Pas de raison que cela change d'ici les Hespérides.

À force de déménagements ou d'incompatibilité d'humeur avec leur jules, vous avez perdu de vue vos vieilles copines ? Et côté ex, ce n'est pas mieux depuis que votre analyste a mis le doigt sur votre difficulté à rompre ? Pas d'inquiétude. Vous avez le temps de vous faire de nouveaux amis dans les multiples activités que vous allez entreprendre. Mais rien ne vous empêche non plus, quand Magalie aura enfin largué Rémi, d'aller la retrouver à Toulouse ou de donner congé à votre psy qui décidemment n'y comprend rien.

Côté santé

Trente ans de jogging trois fois par semaine vous ont donné une forme d'enfer et un corps d'athlète ? Vous ignorez ce qu'est un rhume et méprisez les tendinites ? Continuez d'aller courir et ne déprimez pas les ramollos avec votre tonus insolent.

Votre genou vous tiraille à la moindre goutte de pluie, l'odeur du pétard vous donne la nausée et vous avez dix kilos de trop ? Arrêtez d'incriminer la ménopause et bougez-vous !

Côté parents

Ils sont toujours en vie ? Profitez-en, ils ne sont plus tout jeunes. Accompagnez-les avec le sourire à l'hôpital faire réviser leur prostate ou se faire opérer de la cataracte. Supportez la tête haute que votre père, retour du refoulé aidant, drague ouvertement les infirmières. Et restez calme quand il vous affirme pour la vingtième fois de la semaine que sa télé ne marche plus et qu'il a perdu ses clefs et sa carte bleue. Imperceptiblement, vous êtes devenue la mère de vos parents tout en restant leur fille.

Ils ne sont plus là ? Vous vous y étiez plus ou moins préparée mais il vous faut apprendre à vivre l'absence et accepter de vous retrouver en première ligne. Ben oui, la quinqua vit aussi des moments moins drôles.

Côté argent

Vos multiples liftings vous ont laissé sur la paille ? Si vous êtes tombée sur un bon praticien, vous pouvez toujours monnayer votre jeunesse artificielle auprès d'un riche veuf. Vous ne mangez pas de ce pain là ? Vous n'avez plus qu'à faire la fourmi et vous serrer la ceinture. De toutes façons, vos placards dégueulent de fringues que vous ne mettez jamais, pas besoin d'en racheter, la mode n'est qu'un éternel recommencement. Dernière solution, pas gagnée, tenter de se faire entretenir par ses enfants.

Un peu Auvergnate sur les bords, vous avez sagement investi dans la pierre et vos locations arrondissent avantageusement vos fins de mois ? À vous la belle vie ! Faites-vous plaisir et n'oubliez pas les autres.

Côté sexualité

Vous êtes en couple ? Jeune ou vieille union, ne laissez pas votre libido et celle de votre conjoint s'évaporer comme votre bas de laine. Prenez soin de vous, montrez-vous désirante et désireuse, ayez de l'imagination. Mais ne croyez pas non plus sur parole Valentine qui jure s'envoyer en l'air deux fois par jour.

Pas le moindre objet sexuel à vous mettre sous la main ? Êtes-vous vraiment sûre d'avoir mis toutes les chances de votre côté ? Cherchez encore ou suivez ce vieil adage : « On n'est jamais mieux servi que par soi-même ».

****

Comment avoir toujours 50 ans ?

– En riant très souvent et très fort.

– En n'étant jamais sûre de rien.

– En ayant toujours des petits secrets inavouables.

– En faisant de la gym tous les matins, même quand il fait très chaud ou très froid.

– En faisant travailler votre cerveau afin qu'Alzheimer ne s'en empare pas.
– En regardant toujours les jeunes gens d'un œil bienveillant.
– En mangeant une fois par semaine avec des baguettes (c'est tellement compliqué qu'on s'arrête très vite).
– En évitant un vocabulaire trop daté (minitel, ANPE, passage clouté…).
– En rentrant à pied d'une soirée à l'aube.
– En maîtrisant (Facebook, Linkedin, Google earth…
– En laissant à votre médecin le soin de gérer les chiffres inutiles : âge, taille, poids…
– En organisant des soirées poker.
– En étant convaincue que ce n'est pas le début de la fin.
– En relisant San Antonio.
– En ne fréquentant que des gens plein d'entrain.

****

Se préparer à l'avenir

On est encore jeunes mais cela ne durera pas toujours… Quelques conseils pour bien amorcer la soixantaine et vieillir en beauté.

S'ouvrir au monde. Il est temps de cesser de se regarder le nombril, de sortir de ses petites préoccupations narcissiques. Le secret de la jeunesse, c'est aussi l'intérêt pour les autres. Voyagez, sortez, fréquentez des gens plus jeunes et plus vieux, apprenez le swahili ou la culture du riz.

Se tourner vers demain. Multiplier les projets est la seule chose qui maintienne en vie. De l'achat d'un nouveau pull à la construction d'une maison en allumettes en passant par la préparation de sa retraite, tout est bon à prendre du moment que vous allez de l'avant.

S'entretenir. Marchez, dansez, faîtes la course avec votre petit-fils, il n'y a que ça qui vous permettra de vous déplacer sans déambulateur dans vingt ans. Et soyez coquette, c'est bon pour le moral.

S'aimer. Arrêtez de vous critiquer et de regarder vos imperfections au grand angle, cela permettra aux autres d'en faire autant. Vous n'êtes pas parfaite mais n'oubliez pas que Stéphanie a perdu son petit-fils au Monop' et que Cunégonde triche sur sa déclaration de revenus. Pas si parfaites, et en plus, elles n'ont pas très bien vieilli. Alors, soyez tendre avec vous, ne vous brutalisez pas.

Se débarrasser des soucis. On a suffisamment de problèmes contre lesquels on ne peut pas grand-chose, pour ne pas en rajouter. D'abord, éloignez les fâcheux et les importuns. Meredith vous tape en permanence de l'argent et néglige de vous le rendre, oubliez son numéro. Pareil pour Philibert, toujours persuadé que vous finirez votre vie avec lui.

Ne risquez pas l'insomnie en vous souciant de l'avenir de votre progéniture. Si vous avez un peu de biens, filez chez le notaire et organisez votre succession. Beaucoup moins déprimant de le faire à cinquante ans qu'à quatre-vingt. Et surtout, ne vous prenez pas le chou avec le tri des poubelles, si vous n'y comprenez rien.

S'abstenir de la senior attitude. Ce n'est pas parce que vous mettez un peu plus de temps à récupérer de vos folles soirées que vous avez besoin de vous coucher à dix heures. En insistant un peu, votre corps devrait s'y faire. Allez donc danser, grimpez le Mont Blanc, matez les mecs dans la rue, surfez sur le net, mangez des nounours en guimauve…

Rappelez-vous, c'est vous qui décidez de votre avenir !

Achevé d'imprimer par Corlet, Imprimeur, S.A. - 14110 Condé-sur-Noireau
N° d'Imprimeur : 142025 - Dépôt légal : janvier 2012 - *Imprimé en France*